# A psicopatologia da vida cotidiana

pequena
biblioteca
invulgar

Blucher

Sigmund Freud

# A psicopatologia da vida cotidiana

## *Primeira versão (1901), precedida de "O mecanismo psíquico do esquecimento" (1898)*

*Organização e tradução*
André Carone

*A psicopatologia da vida cotidiana: primeira versão (1901), precedida de "O mecanismo psíquico do esquecimento" (1898)*, Sigmund Freud
Título original: *Zur Psychopathologie des Alltagslebens (Vergessen, Versprechen, Vergreifen), nebst Bemerkungen über eine Wurzel des Aberglaubens (1901)*, precedido de *Zum psychischen Mechanismus der Vergeßlichkeit (1898)*
Série pequena biblioteca invulgar, coordenada por Paulo Sérgio de Souza Jr.


*Publisher* Edgard Blücher
*Editor* Eduardo Blücher
*Coordenador editorial* Rafael Fulanetti
*Coordenação de produção* Andressa Lira
*Produção editorial* Luana Negraes
*Preparação de texto* Rafael Fulanetti
*Diagramação* Guilherme Salvador
*Revisão de texto* Maurício Katayama
*Capa e projeto gráfico* Leandro Cunha

**Blucher**

Rua Pedroso Alvarenga, 1245, 4º andar
04531-934 – São Paulo – SP – Brasil
Tel.: 55 11 3078-5366
**contato@blucher.com.br**
**www.blucher.com.br**

Segundo o Novo Acordo Ortográfico, conforme 6. ed. do *Vocabulário Ortográfico da Língua Portuguesa*, Academia Brasileira de Letras, julho de 2021.





DADOS INTERNACIONAIS DE CATALOGAÇÃO NA PUBLICAÇÃO (CIP)
ANGÉLICA ILACQUA CRB-8/7057

Freud, Sigmund, 1856-1939
A psicopatologia da vida cotidiana : primeira versão (1901), precedida de "O mecanismo psíquico do esquecimento" (1898) / Sigmund Freud ; organização e tradução André Carone. – São Paulo : Blucher, 2024.
216 p. : il. (Série pequena biblioteca invulgar / coord. de Paulo Sérgio de Souza Jr.)

Bibliografia
ISBN 978-85-212-2204-0
Título original: Zur Psychopathologie des Alltagslebens (Vergessen, Versprechen, Vergreifen), nebst Bemerkungen über eine Wurzel des Aberglaubens (1901), precedido de Zum psychischen Mechanismus der Vergeßlichkeit (1898).

1. Psicanálise 2. Memória 3. Repressão (Psicologia) 4. Psicanálise e linguística I. Título. II. Carone, André. III. Souza Jr., Paulo Sérgio de. IV. Série.

24-4540 CDD 150.195

Índice para catálogo sistemático:
1. Psicanálise

# Apresentação da série pequena biblioteca invulgar

São muitos os escritos e autores excepcionais que, apesar de mencionados em obras amplamente divulgadas no Brasil, ainda não se encontram acessíveis aos leitores. Surgindo muitas vezes como referências em textos consagrados, é comum conhecermos pouco mais que seus nomes, títulos e esboços de ideias. A partir da psicanálise como eixo organizador, a **pequena biblioteca invulgar** coloca em circulação, para psicanalistas e estudiosos das humanidades em geral, autores e escritos como esses. A série abrange desde títulos pioneiros até trabalhos mais recentes que, por vezes ainda excêntricos ao nosso panorama editorial, ecoam em diversas áreas do saber e colocam em cena as relações do legado freudiano com outros campos que lhe são afeitos. Também abriga novas traduções de textos emblemáticos da teoria psicanalítica para o português brasileiro a fim de contribuir, ao seu modo, com a rede de referências fundamentais às reflexões que partem da psicanálise ou que, advindas de outras disciplinas, nela também encontram as suas reverberações.

# Conteúdo

# A psicopatologia da vida cotidiana

*Primeira versão (1901), precedida de "O mecanismo psíquico do esquecimento" (1898)*

**SIGMUND FREUD (1856-1939)** fez, ao longo da vida, grandes viagens de verão. Começando em 1895, elas só terminariam em 1923, ano em que será diagnosticado o câncer que então lhe acomete, e também em que visitará a cidade de Roma pela sétima e última vez. Como seu coração "apontava para o Sul" — conforme justificativa apresentada à esposa, em dado momento, para deixar o pacato Tirol rumo à Europa meridional —, a maior parte dessas andanças o levaria de volta à Itália: país no qual, em Trieste, havia feito um intercâmbio de graduação, dedicando-se à dissecção das misteriosas genitálias de enguias. Na esteira do luto pela morte do pai, é numa dessas viagens que, em 1897, Freud visita Orvieto e vê os afrescos de Luca Signorelli sobre o Juízo Final; e no ano seguinte, por exemplo, na manhã do dia 8 de agosto, que, percorrendo o sul do Tirol, o norte da Itália e a Suíça, ele passa pelo distrito de Trafoi. Ainda no final daquele mês, cumpre notar, as andanças se estendem à Croácia, chegando até a Bósnia-Herzegovina; e é nesse percurso que, bebendo das águas do esquecimento, a viagem lhe rende uma futura “bagatelazinha”, como diria a Wilhelm Fliess: trata-se de “O quadro de Signorelli”, texto que por fim seria intitulado “O mecanismo psíquico do esquecimento”. Os desdobramentos das questões mobilizadas por esse artigo, futuramente publicados no mesmo periódico — editado pelos neurologistas Theodor Ziehen e Carl Wernicke —, redundarão no manuscrito que Freud compõe ao longo de 1901, período no qual começa a redigir também a história clínica de uma paciente por ele atendida em 1900, o célebre caso Dora. Tanto que, no começo daquele ano, havia informado a Fliess que, como não estava sobremaneira ocupado, mas se via muito disposto mentalmente, estava “escrevendo dois ensaios ao mesmo tempo, isto é, fazendo um competir com o outro: além do ‘Vida cotidiana’, ‘Sonhos e histeria: fragmentos de uma análise’”. Mas é também em 1901 que a competição se mostra não restrita aos seus próprios textos; afinal, as intrigas com Fliess envolvendo os famigerados temas relacionados a autoria — que, por sinal, sempre assombraram Freud — desandariam o laço de trabalho e amizade que teceram, ao longo de centenas de cartas, o fio de Ariadne dos primórdios da psicanálise.

# O mecanismo psíquico do esquecimento

*Zum psychischen Mechanismus der Vergeßlichkeit (1898)*

# O mecanismo psíquico do esquecimento[1]

Todas as pessoas certamente já experimentaram em si próprias ou observaram em outras o fenômeno do esquecimento que desejo descrever e, logo em seguida, esclarecer aqui. Ele atinge preferencialmente o emprego de nomes próprios — *nomina propria* — e se manifesta da seguinte maneira: no meio de uma conversa, a pessoa se vê obrigada a admitir para o interlocutor não estar conseguindo encontrar um nome que ela queria mencionar, e pede — geralmente sem sucesso — a sua ajuda: "Como se chama o…, é um nome conhecido; está na ponta da língua, agora me escapou". Uma irritação inconfundível,

1 Texto publicado em *Monatsschrift für Psychiatrie und Neurologie* [*Revista Mensal de Psiquiatria e Neurologia*], Vol. 4, n. 6, pp. 436-443.

semelhante à de um afásico motor,[2] passa a acompanhar os novos esforços para encontrar o nome que momentos antes a pessoa sentia ter ao seu alcance. Duas ocorrências complementares merecem ser destacadas nos casos apropriados. Em primeiro lugar, que a aplicação intensa e deliberada daquela função por nós designada como atenção, por mais prolongada que seja, mostra-se incapaz de recuperar o nome perdido. Em segundo, que no lugar do nome procurado logo aparece algum outro, que é reconhecido como incorreto e é descartado, e que mesmo assim insiste em reaparecer. Ou ainda, no lugar do nome substituto a pessoa encontra uma letra ou uma sílaba que ela reconhece como uma parte do nome que está procurando. Ela diz, por exemplo: "começa com B". Se por algum caminho o nome finalmente for encontrado, a grande maioria dos casos indica que ele não começa com B e sequer possui essa letra.

Como se sabe, o melhor procedimento para alcançar a posse do nome que está sendo procurado consiste em "não pensar nele", isto é, em desviar dessa tarefa a parcela de atenção da qual arbitrariamente se dispõe. Mais adiante o nome "salta" para a pessoa que o procurava; ela não consegue se conter e o diz em voz alta, para grande surpresa do interlocutor que havia esquecido o incidente e mal havia participado do esforço da pessoa que falava. "O nome desse homem não tem a menor importância. Vamos, continue", ele costuma dizer. No tempo

2 A afasia motora, também conhecida como "afasia de expressão" ou "afasia de Broca", é um transtorno neurológico que se manifesta pelo fato de os indivíduos, em razão da incapacidade de ativar os músculos que produzem a fala, proferirem pouco ou nada — apesar de terem preservada a compreensão. Entre os seus sintomas típicos estão a fala entrecortada e a dificuldade de encontrar as palavras desejadas [N.E.].

que antecedeu a solução, e mesmo após o desvio proposital, o interesse pelo conjunto da situação não esclarece o grau de preocupação da pessoa.[3]

Em alguns casos de esquecimento de nome ocorridos comigo, pude explicar para mim mesmo por meio da análise psíquica o que havia sucedido, e quero relatar com detalhes o mais simples e evidente caso desse tipo: durante as férias de verão, parti certa vez da bela Ragusa[4] em uma viagem de coche para uma cidade vizinha na Herzegovina; a conversa com o meu acompanhante naturalmente tratava da situação de ambos os territórios (Bósnia e Herzegovina) e da personalidade de seus habitantes.[5] Eu descrevia as diversas peculiaridades dos turcos que ali vivem, tal como havia escutado na caracterização de um estimado colega que por um longo período atuara entre eles

---

3 No caso de uma ação psíquica, nem pela eventual sensação de desprazer que é provocada pela incapacidade de reagir.

4 Antigo nome da cidade croata de Dubrovnik, ainda conservado como "Ragusa di Dalmazia" [Ragusa da Dalmácia] em língua italiana [N.T.].

5 Freud viajou para a Dalmácia com Martha Bernays (1861-1951) em 31 de agosto de 1898, naquela que seria a única viagem de relativa duração que fez com a esposa. O casal pegou a balsa de Trieste para Ragusa; porém, como Martha estava indisposta, o marido fez o passeio que fariam juntos de Ragusa a Trebinje — da Croácia à Bósnia-Herzegovina, portanto — com outra pessoa: um advogado berlinense chamado Freyhau. Quando retornou para Ragusa, o casal viajou então para Kotor, Split, Trieste, Veneza e Verona. Freud acompanhou Martha até Merano e depois prosseguiu sozinho pelo norte da Itália, retornando a Viena no dia 18 do mês seguinte. Poucos dias após o retorno das férias, escreve a Fliess para contar sobre o incidente de esquecimento que marcaria a história da psicanálise. Cf. Masson, J. M. (org.). (1986). *A correspondência completa de Sigmund Freud para Wilhelm Fliess* (V. Ribeiro, trad.). Rio de Janeiro: Imago, pp. 327-328 [N.E.].

como médico. Nossa conversa voltou-se pouco depois para a Itália e para a pintura, e tive a oportunidade de recomendar enfaticamente ao meu companheiro que ele fosse o quanto antes até Orvieto para visitar os afrescos do Fim do Mundo e do Juízo Final, ornados em uma capela da catedral por um grande pintor. Mas o nome do pintor me escapou e não havia como recuperá-lo. Forcei a memória, repassei na lembrança todos os detalhes dos dias passados em Orvieto,[6] convenci-me de que nada havia ficado indistinto ou nebuloso. Pelo contrário, eu podia evocar as imagens com uma nitidez sensorial muito maior do que havia sido capaz antes disso; tinha diante dos olhos com uma especial clareza o autorretrato do pintor — a face austera, as mãos entrelaçadas —, que ele posicionara no canto de uma pintura, ao lado da imagem do seu predecessor naquele trabalho, *Fra Angelico da Fiesole*; mas o nome do artista, antes muito acessível para mim, insistia em permanecer escondido. Meu companheiro de viagem não estava conseguindo me socorrer; meus repetidos esforços não tiveram resultado algum, exceto pelo surgimento de dois nomes, os quais eu sabia que

---

6 Freud havia estado na comuna de Orvieto no ano anterior. Em 6 de setembro de 1897, na cidade de Siena, escreve a Fliess: "Como você sabe, estou procurando, na Itália, um ponche feito do Lete" — na Grécia Antiga, o rio do esquecimento. E continua: "bebo um gole aqui e ali. Pode-se saborear essa estranha espécie de beleza e a imensa ânsia criadora; ao mesmo tempo, minha inclinação para o perverso-psicológico e o grotesco vai tendo o que merece. Tenho muito que lhe contar (o que, de agora em diante, será uma senha entre nós). Próximo objetivo: Orvieto; no meio do caminho, São Geminiano. Será difícil que sua resposta me alcance; portanto, divirta-se com os sinais de vida de minha viagem, que não lhe fazem nenhuma exigência". Masson, J. M. (org.). (1986). *A correspondência completa de Sigmund Freud para Wilhelm Fliess* (V. Ribeiro, trad.). Rio de Janeiro: Imago, p. 336 [N.E].

*Os feitos do Anticristo* [L. Signorelli, 1500-1503]

não poderiam estar corretos: *Botticelli* e, em segundo plano, *Boltraffio.*[7] A reincidência da combinação sonora *Bo* em ambos os nomes substitutos talvez pudesse levar uma pessoa desavisada a supor que ela pertencesse ao nome procurado, mas tomei o cuidado de não abrir espaço para essa expectativa.

Como não tive acesso a obras de referência durante a viagem, fui obrigado a aceitar essa lacuna da recordação e o particular tormento a ela associado, que ressurgiu várias vezes ao dia por muitos dias, até que encontrasse um italiano instruído que me libertou ao informar o nome: *Signorelli.* E então pude acrescentar por minha própria conta o primeiro nome daquele homem, *Luca.* A aguda nitidez da recordação do semblante do mestre em seu retrato logo se dissipou.

Quais influências me fizeram esquecer o nome *Signorelli*, tão familiar para mim e tão fácil de gravar na memória? E quais caminhos levaram à sua substituição pelos nomes *Botticelli* e *Boltraffio*? Um breve resgate das circunstâncias nas quais ocorreu o esquecimento foi o suficiente para esclarecer as duas coisas.

Pouco antes que chegasse ao tema dos afrescos na catedral de Orvieto, eu contava ao meu companheiro de viagem aquilo que ouvira do meu colega a respeito dos turcos na **Bó**snia. Eles tratam o médico com enorme apreço e, muito diferentemente da nossa população, mostram-se resignados frente às disposições do destino. Quando o médico da família precisa informar que a morte de algum parente está próxima, eles oferecem a resposta:

---

7 O primeiro nome era muito familiar para mim, enquanto o segundo era quase desconhecido.

"Senhor [***Herr***[8]], o que posso dizer? Eu sei que você o salvaria se fosse possível". — Ao lado dessa história repousa na minha memória uma outra lembrança que o mesmo colega me havia contado: a superior importância atribuída aos prazeres sexuais na apreciação desses **bó**snios. Certa vez, um de seus pacientes lhe disse: "O senhor [***Herr***] sabe como é, se *aquilo* não funciona mais, a vida deixa de ter valor". Parecia-nos naquele momento que seria permitido supor uma ligação íntima entre os dois traços do povo bósnio apresentados aqui. Mas no momento em que recordei essa história durante a viagem à **Her**zegovina, reprimi o último traço, que abordava o tema da sexualidade. O nome **Signorelli** me escapou e os nomes **Bo**tti**celli** e **Bo**ltraffio apareceram logo a seguir como substitutos.

A influência que impediu o acesso do nome **Signorelli** à recordação ou, como costumo dizer, que o havia "recalcado", só poderia partir daquela história a respeito do valor da morte e do prazer sexual que havia sido reprimida. Se assim fosse, então deviam tornar-se evidentes as representações intermediárias que haviam servido à ligação entre os dois tópicos. A afinidade dos conteúdos — aqui, o Dia do Juízo, o "Juízo Final"; lá, a morte e a sexualidade — parece muito pequena; por tratar-se do recalcamento de um nome para fora da memória, desde o início já era provável que houvesse ocorrido uma ligação entre nome e nome. Pois bem: ***Signor*** significa ***Herr*** [senhor]; mas o *Herr* reaparece no nome **Her**zegovina. Além disso, certamente

8 Os destaques em negrito constam da edição original de 1898, mas foram suprimidos nas edições alemãs posteriores. O espacejamento entre as letras [*Sperrdruck*] empregado em algumas passagens foi substituído pelo itálico nesta tradução [N.T.].

não era irrelevante que o médico fosse endereçado pelo termo ***Herr*** em ambas as falas dos pacientes que eu recordara. Portanto, a tradução de ***Signor*** por ***Herr*** era o caminho pelo qual a história que eu havia reprimido atraiu o nome que eu estava procurando. Todo esse processo foi evidentemente favorecido pelo fato de que eu falava com frequência o italiano nos últimos dias em Ragusa, ou seja, havia me habituado a traduzir do alemão para o italiano na minha cabeça.[9]

Enquanto eu me esforçava por reencontrar o nome do pintor, para resgatá-lo do recalcamento, a influência da ligação em que nesse ínterim ele havia ingressado deve ter sido exercida. Encontrei realmente o nome de um artista, mas não o correto, e sim um nome deslocado, e a linha do deslocamento partia do tema que estava contido no nome recalcado. Botti**celli** contém as mesmas sílabas finais de Signor**elli**; ou seja, haviam reaparecido as mesmas sílabas finais que não podiam ligar-se diretamente ao nome Herzegovina, como no caso da parte inicial **Signor**; porém o nome **Bó**snia, constantemente vinculado ao nome Herzegovina, demonstrou a sua influência ao direcionar a substituição para os nomes de dois artistas que iniciam com o mesmo **Bo**: **Bo**tticelli e **Bo**ltraffio. Comprovava-se assim que a descoberta do nome Signorelli era perturbada pelo tema que havia por trás dele, no qual estavam presentes os nomes **Bó**snia e **Her**zegovina.

---

9 Alguém dirá: uma explicação "forçada, induzida"! Mas essa impressão surge forçosamente porque o tema reprimido recorre a todos os meios para formar uma ligação com aquele que não foi reprimido e não recusa a via da associação superficial. Um tipo de imposição semelhante à criação de rimas.

Para que esse tema expresse tais efeitos, não basta que eu o tivesse reprimido uma vez enquanto conversava — algo para o qual, de fato, motivos circunstanciais foram decisivos. Pelo contrário, é necessário supor que o próprio tema apareça em cadeias de pensamento que se encontram comigo no estado de recalque, isto é, cadeias que enfrentam por parte de uma determinada instância psíquica, apesar do interesse recebido, uma resistência que as mantém afastadas da elaboração e, portanto, do acesso à consciência. Era o que efetivamente se passava comigo com relação ao tema "morte e sexualidade" naquele período, e nesse caso disponho de inúmeras provas das minhas observações sobre mim mesmo, as quais não preciso mencionar aqui. Mas posso chamar atenção para um efeito que tem início nesses pensamentos que se encontram sob o recalque. A experiência me ensinou a exigir que todos os produtos psíquicos devam ser conduzidos ao completo esclarecimento e até mesmo à sobredeterminação, e parece-me agora que o segundo nome substituto, **Boltraffio**, do qual até aqui somente as primeiras letras haviam encontrado uma justificativa pela consonância com **Bó**snia, requer uma determinação mais ampla. Recordo então que em nenhum outro momento esses pensamentos recalcados absorveram-me tanto como poucas semanas atrás, depois de ter recebido um certo recado.[10] O lugar no qual eu

10 Tratava-se do suicídio de um paciente seu. Já que costumava deixar indicado onde as correspondências lhe poderiam chegar, é possível que Freud tenha recebido a notícia via telegrama em Trafoi. Mas ele também pode ter lido o *Neues Wiener Tagblatt* [*Novo Diário Vienense*] do dia anterior na agência dos correios do distrito, já que o fato foi noticiado em jornal no dia 7 de agosto de 1898. Cf. neste volume: Freud, S. (1901). A psicopatologia da vida cotidiana…, p. 35, nota 8 [N.E.].

havia sido confrontado com a notícia chama-se **Trafoi**,[11] e esse nome é demasiadamente similar à segunda metade do nome Bol**traffio** para que ele não houvesse influenciado a determinação da sua escolha. Seria possível esboçar a reprodução dessas relações que agora se tornam claras em um breve esquema:

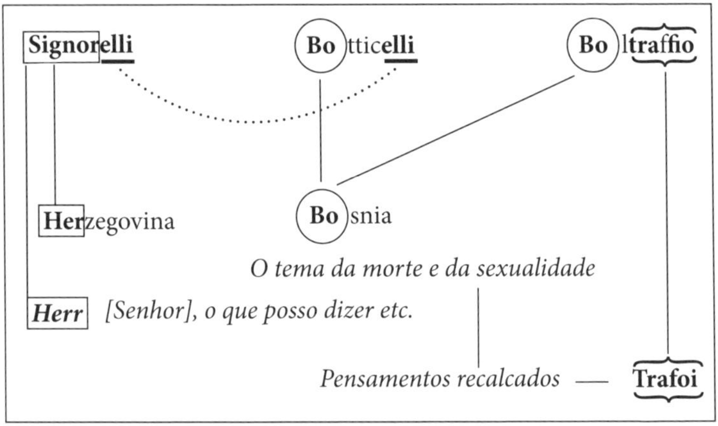


Talvez não seja em si mesma desprovida de interesse a possibilidade de examinar os rumos de uma ocorrência psíquica desse tipo, que figura entre as menores perturbações do controle do aparelho psíquico e também é compatível com uma saúde psíquica livre de outras aflições. Mas o exemplo que foi explicado adquire grande interesse quando descobrimos que podemos adotá-lo como modelo para os processos patológicos

11 Antes de viajar com a esposa, Freud havia percorrido, na companhia de Minna Bernays (1865-1941), sua cunhada, o sul do Tirol, o norte de Itália e a Suíça, de 1º a 14 de agosto de 1898. Ambos chegaram ao distrito de Trafoi na manhã do dia 8 de agosto a caminho do Passo do Stelvio — o qual subiram de coche durante longas doze horas de viagem. Cf. Tögel, C. (org.). (2002). *Sigmund Freud. Unser Herz zeigt nach dem Süden. Reisebriefe 1895-1923* [Sigmund Freud: nosso coração aponta para o Sul. Cartas de viagem (1895-1923)]. Berlin: Aufbau-Verlag, p. 97 [N.E.].

aos quais os sintomas psíquicos das psiconeuroses — histeria, ideias obsessivas e paranoia — devem o seu surgimento: aqui e lá estão os mesmos elementos, e entre eles o mesmo jogo de forças. Da mesma maneira, e por intermédio de associações superficiais similares, uma cadeia de pensamentos recalcados apodera-se de uma impressão recente e inócua, arrastando-a para o recalque. O mecanismo que faz surgir os nomes substitutos Botticelli e Boltraffio a partir de Signorelli, a substituição por representações intermediárias ou de compromisso, domina igualmente a formação de pensamentos obsessivos e os distúrbios de memória na paranoia. A propriedade de um caso de esquecimento como esse — que de outra forma seria incompreensível, e assim permaneceu para o companheiro —, liberar desprazer de modo contínuo até o momento do desenlace, encontra sua analogia perfeita no modo como as massas de pensamentos recalcados fazem a sua capacidade de afeto agarrar-se a um sintoma cujo conteúdo psíquico parece inteiramente inapropriado para uma semelhante liberação de afeto. Por fim, o próprio encerramento de toda a tensão pela comunicação do nome correto por parte de um terceiro é um bom exemplo da eficácia da terapia psicanalítica, que almeja a correção dos recalcamentos e deslocamentos, e afasta o sintoma ao restabelecer o objeto psíquico autêntico.

Entre os diversos fatores que contribuem para a ocorrência de uma fraqueza da memória ou da ausência de uma recordação não se deve, portanto, desconsiderar a participação do recalcamento, que pode ser assinalada não somente nos neuróticos como também em pessoas normais de uma forma qualitativamente semelhante. Em termos gerais, é permitido afirmar que a nossa facilidade — e também fidelidade, em última instância — para despertar na memória uma certa impressão não depende somente da constituição psíquica individual, da intensidade da impressão quando ela ainda era recente, do interesse que ela havia recebido, da constelação psíquica do momento atual, do interesse que agora existe em evocá-la, das relações nas quais essa impressão foi inserida etc., mas também do crédito ou descrédito de um fator psíquico específico que se opõe à reprodução de alguma coisa que possa liberar desprazer ou resultar, mais adiante, em uma liberação de desprazer. Portanto, a função da memória, que gostamos de imaginar como um arquivo aberto a todos os curiosos, está sujeita ao dano provocado por uma tendência da vontade tanto quanto certa parcela de nossas ações direcionadas para o mundo exterior. Uma metade do segredo da amnésia histérica fica exposta quando afirmamos que os histéricos não sabem aquilo que não *querem* saber, e o tratamento psicanalítico, que vai ser obrigado a preencher essas lacunas de memória ao longo do caminho, irá compreender que a reanimação de cada uma dessas recordações perdidas enfrenta a oposição de uma resistência que precisa ser contrabalançada por um trabalho proporcional à sua grandeza. No caso dos processos psíquicos normais como um todo, não se pode alegar, é claro, que a influência na memória desse unilateral fator de revitalização de alguma forma supere regularmente todos os demais elementos em causa.[12]

---

12 Seria um equívoco imaginar que o mecanismo acima revelado se aplica somente a poucos casos; pelo contrário, ele é muito frequente. Por exemplo: enquanto tento contar esse mesmo episódio para um colega, de uma hora para outra me escapa

Experimentei recentemente uma amostra instrutiva — por ser dissimulada — da natureza tendenciosa das nossas recordações e esquecimentos, a qual gostaria de comunicar como um acréscimo: eu havia planejado uma visita de vinte e quatro horas a um amigo que infelizmente vive muito distante de mim, e estava tomado pelas coisas que tinha para lhe dizer. Mas antes disso eu me sentia obrigado a me encontrar, em Viena, com uma família com quem mantenho amizade, e da qual um membro se mudara para essa outra cidade, com o objetivo de transmitir lembranças e recados. Passaram-me o nome da pensão onde ele morava, o nome e o número da rua; e, por consideração pela minha memória fraca, anotaram o endereço em um cartão, que coloquei dentro da minha caderneta. No dia seguinte, quando cheguei à casa do meu amigo, logo comecei: "Preciso cumprir

---

o nome do interlocutor que conhecia as histórias sobre a Bósnia. A solução: eu havia jogado cartas imediatamente antes. O interlocutor chama-se *Pick* (Espadilha); *Pick* (espadilha) e *Herz* (coração) são dois entre os quatro naipes do baralho, e que aparecem juntos em uma anedota na qual esta mesma pessoa aponta para si e diz: "O meu nome não é Herz, o meu nome é Pick". *Herz* reaparece em *Herz*egovina; entre os pensamentos que assinalei como "recalcados" estava presente uma doença do coração. ([N.E.]: Trata-se, muito provavelmente, do médico Arnold Pick (1851-1924), que havia sido assistente de Meynert em Viena uma década antes de Freud, entre 1872 e 1874, atuando depois em Wehnen (Alemanha) e em Praga. Como Freud, ele se interessava pelo estudo das afasias e dos esquecimentos. Cumpre apontar, ainda, que, a partir da terceira edição de *A psicopatologia* (1910), uma referência ao artigo de Pick sobre o esquecimento será inserida por Freud no rodapé do Capítulo 7. Cf. Pick, A. (1892). Über die Beziehungen der senilen Hirnatrophie zur Aphasie [Sobre as relações da atrofia cerebral senil com a afasia]. *Prager medizinische Wochenschrift*, *17*(16), pp. 165-167; Pick, A. (1905). Zur Psychologie des Vergessens bei Geistes- und Nervenkranken [A psicologia do esquecimento em doentes mentais e dos nervos]. *Archiv für Kriminal-Anthropologie und Kriminalistik*, *18*(2/3), pp. 251-261.)

uma obrigação que pode atrapalhar o tempo que temos juntos; uma visita que quero fazer logo. O endereço está na minha carteira". Mas, para a minha surpresa, não o encontrei ali. Agora eu estava à mercê da minha memória. Minha memória para nomes não é particularmente boa, mas é mesmo assim muito melhor do que para números e algarismos. Se frequento uma determinada casa por um ano inteiro para fazer visitas médicas, o número da casa acaba me criando dificuldades caso o cocheiro que vá me conduzir seja novo. Neste caso, eu havia prestado atenção justamente ao número da casa; ele era muito nítido, como que por provocação; mas dos nomes da rua e da pensão não havia nenhum vestígio. Eu havia esquecido todas as informações do endereço que pudessem servir como um apoio para localizar aquela pensão e guardara o número, que não valia de nada para o meu propósito, contrariando abertamente os meus hábitos. Por conta disso, não pude fazer a visita; logo depois já estava conformado e dediquei-me inteiramente ao meu amigo. Quando regressei a Viena, diante da minha escrivaninha pude reconhecer, na mesma hora, o local onde eu havia colocado o cartão "por distração". Nessa ocultação inconsciente estivera presente o mesmo propósito do meu esquecimento singularmente modificado.

# A psicopatologia da vida cotidiana (esquecimentos, lapsos de fala, descuidos) seguida por observações acerca de uma raiz da superstição

*Zur Psychopathologie des Alltagslebens (Vergessen, Versprechen, Vergreifen), nebst Bemerkungen über eine Wurzel des Aberglaubens (1901)*

# A psicopatologia da vida cotidiana (esquecimentos, lapsos de fala, descuidos) seguida por observações acerca de uma raiz da superstição[1]

*Primeira parte | julho de 1901*

> "Tantos espíritos atravessam o ar
> Que ninguém os saberia evitar"[2]
>
> — Fausto II, Ato V, Cena 5

1 Texto publicado em dois números do volume 10 da *Monatsschrift für Psychiatrie und Neurologie* [*Revista Mensal de Psiquiatria e Neurologia*]: a primeira parte, no n. 1 (pp. 1-32); a segunda, no n. 2 (pp. 95-143). Publicado como livro pela primeira vez em 1904 pela S. Karger Verlag com o título *A psicopatologia da vida cotidiana (sobre esquecimentos, lapsos de fala, descuidos, superstição e equívoco).*

2 Goethe, J. W. von (1832). *Faust: der Tragödie zweiter Teil in fünf Akten* [Fausto: a segunda parte da tragédia em cinco atos]. Stuttgart/Tübingen: Cotta, p. 314 — versos 11410-11412. Freud havia citado essa passagem em carta a Fliess, no dia 14 de outubro de 1900, dizendo que gostaria de pedir o mote emprestado. Cf. Masson,

## I. O esquecimento de nomes próprios

No ano de 1898, publiquei nesta revista[3] um breve artigo com o título "O mecanismo psíquico do esquecimento", cujo conteúdo irei retomar aqui, adotando-o como ponto de partida de novas discussões. Naquela ocasião eu submeti à análise psicológica a frequente ocorrência do esquecimento temporário de nomes próprios, partindo de um rico exemplo que observei em mim mesmo, e obtive como resultado que essa ocorrência comum e sem maior importância prática de falha de uma função psíquica — a função da memória — admite uma explicação que ultrapassa amplamente a avaliação usual desse fenômeno.

Se eu não estiver muito enganado, caso um psicólogo fosse chamado para explicar como é possível que um nome conhecido escape com tanta frequência a uma pessoa, ele se daria por satisfeito em dizer que os nomes próprios são esquecidos com mais facilidade do que outros conteúdos da memória. Ele indicaria os motivos plausíveis dessa predileção pelos nomes próprios, mas não suspeitaria de alguma outra condição para essas ocorrências.

A oportunidade de examinar mais detidamente o fenômeno do esquecimento temporário surgiu com a minha observação de certas particularidades que não podem ser identificadas em todos os casos, mas comparecem em alguns deles com suficiente

---

J. M. (org.). (1986). *A correspondência completa de Sigmund Freud para Wilhelm Fliess* (V. Ribeiro, trad.). Rio de Janeiro: Imago, p. 428 [N.T.].

3 A partir da edição de 1904, em livro: "No ano de 1898, publiquei na *Revista Mensal de Psiquiatria e Neurologia*" [N.T.].

nitidez. Em tais casos ocorre não apenas o *esquecimento* como também uma *falsa lembrança*. Na consciência de quem procura um nome que escapou surgem outros nomes — *nomes substitutos* — que são imediatamente reconhecidos como incorretos e, no entanto, persistem com uma tenacidade cada vez maior. O processo que deve conduzir à reprodução do nome procurado *deslocou-se*, por assim dizer, chegando assim a um substituto incorreto. Minha premissa estabelece, no entanto, que esse deslocamento não fica à mercê do arbítrio psíquico e, na verdade, segue vias regulares e passíveis de definição. Em outras palavras, eu suponho que o nome ou os nomes substitutos formam com o nome procurado uma conexão que pode ser encontrada, e espero, se puder comprovar essa conexão, lançar alguma luz sobre as origens do esquecimento de nomes.

No exemplo que escolhi para a análise, em 1898, eu tentava recordar, sem sucesso, o nome do mestre que havia criado os admiráveis afrescos sobre os "novíssimos" da catedral de *Orvieto*.[4] No lugar do nome procurado — *Signorelli* — vieram-me os nomes de dois outros pintores, *Botticelli* e *Boltraffio*, que foram rejeitados com firmeza pelo meu juízo na mesma hora. Quando uma outra parte me informou o nome correto, eu o reconheci imediatamente e sem hesitação. A investigação a respeito das influências e do curso de associações que deslocaram a reprodução dessa maneira — de *Signorelli* para *Botticelli* e *Boltraffio* — trouxe estes resultados:

4 Na doutrina católica, "novíssimos" — do latim, *quattuor novissima* [as quatro derradeiras coisas] — é o termo que designa os últimos acontecimentos que sucedem a cada indivíduo no final da vida: morte, julgamento, inferno ou paraíso [N.E.].

a) Não se deve procurar o motivo pelo qual o nome *Signorelli* me escapou nem em alguma particularidade desse nome nem em alguma característica psicológica do contexto ao qual ele pertencia. Eu conhecia o nome esquecido tão bem quanto um dos nomes substitutos — *Botticelli* — e muitíssimo melhor do que o outro nome substituto — *Boltraffio* —, de um homem a respeito de quem eu mal saberia dizer alguma coisa exceto que pertencia à Escola de Milão. No mais, o contexto em que se passou o esquecimento me parece inocente e não oferece qualquer outra explicação. Eu viajava de coche com um estrangeiro entre Ragusa, na Dalmácia, e um destino na Herzegovina; começamos a falar sobre viagens pela Itália e eu perguntei ao companheiro se ele já estivera em Orvieto e se conhecera ali os célebres afrescos de ***.

b) O esquecimento desse nome só recebe uma explicação quando me recordo do tema imediatamente anterior daquela conversa, e ele se revela como uma perturbação do tema recém-surgido pelo tema anterior.[5] Resumindo: antes que eu perguntasse ao meu parceiro de viagem se ele já estivera em Orvieto, nós falávamos a respeito dos costumes dos turcos residentes na *Bósnia* e na *Herzegovina*. Eu contava para ele o que havia escutado de um colega que exercia a medicina entre aquelas pessoas: que elas costumam demonstrar uma irrestrita confiança pelo médico e uma resignação absoluta diante do destino. Quando é necessário informar-lhes que não se pode fazer mais nada por um doente, respondem: "*Senhor* [*Herr*],

5 A partir da edição de 1904, as palavras "uma perturbação do tema recém-surgido pelo tema anterior" serão destacadas com espacejamento [N.T.].

o que posso dizer? Eu sei que você o salvaria se fosse possível". Nessas frases já aparecem as palavras e os nomes: *Bósnia, Herzegovina, senhor* [*Herr*], que podem ser inseridas em uma sequência de associações entre *Signorelli* e *Botticelli – Boltraffio*.

c) Presumo que a sequência de pensamentos a respeito dos costumes dos turcos na Bósnia etc. adquire a capacidade para perturbar o pensamento seguinte porque desviei minha atenção antes que estivesse esgotada. Pois me recordo de que pretendia contar uma segunda anedota que estava ao lado da primeira na minha memória. Esses turcos apreciam o prazer sexual mais que tudo e enfrentam uma desesperança que quase não se distingue de sua resignação diante da morte, no caso de um distúrbio sexual. Certa vez um paciente do meu colega lhe disse: "O senhor [*Herr*] sabe como é, se aquilo não funciona mais, a vida deixa de ter valor". Evitei o comentário a respeito deste aspecto particular porque não quis incluir esse controvertido tema[6] na conversa com uma pessoa estranha. E fiz mais: também desviei minha atenção da sequência deste pensamento que poderia criar para mim uma ligação com o tema "sexualidade e morte". Naquela ocasião, encontrava-me sob o efeito de um recado que recebera algumas semanas antes, durante uma breve estadia em *Trafoi*.[7] Um paciente a quem eu havia dedicado um grande empenho dera fim à própria vida por causa de um distúrbio sexual incurável.[8] Tenho certeza de que

---

6 Na última edição, de 1924: "esse tema" [N.T.].

7 Cf. Freud, S. (1898) O mecanismo psíquico do esquecimento, p. 23, nota 10 [N.E.].

8 Segundo Christfried Tögel, trata-se do psiquiatra Wilhelm von Griendl (1861-1898), que estava desaparecido desde o dia 2 de agosto e cujo corpo foi encontrado quatro

esse triste acontecimento e todas as coisas a ele relacionadas não alcançaram a minha recordação consciente. Mas a similaridade entre *Trafoi* e *Boltraffio* obrigou-me a supor que essa reminiscência exercia um efeito sobre mim naquela ocasião, ainda que dela desviasse a minha atenção de uma maneira deliberada.

d) Não posso mais considerar o esquecimento do nome Signorelli como um mero acaso. Preciso admitir a presença de um *motivo* nesse processo. Existiam motivos que provocaram uma interrupção no momento em que eu iria dizer aquilo que pensava (a respeito dos costumes na Bósnia etc.) e ainda me fizeram bloquear os pensamentos que estavam ligados às coisas que eu diria, e que conduziriam à notícia de Trafoi. Ou seja, eu *queria* esquecer alguma coisa, eu havia *recalcado* alguma coisa. É bem verdade que eu queria esquecer um outro conteúdo, diferente do nome do mestre de Orvieto; mas esse outro conteúdo fora capaz de formar um laço associativo com esse nome e fez com que o meu ato voluntário errasse o alvo, levando-me a esquecer um conteúdo contra a minha vontade enquanto eu queria deliberadamente[9] esquecer o outro. A re-

---

dias depois no Danúbio. No dia seguinte, 7 de agosto de 1898, o *Neues Wiener Tagblatt* [*Novo Diário Vienense*] noticiou o suicídio, que havia sido perpetrado com arma de fogo. Cf. Tögel, C. (2015). Die "Nachwirkung einer Nachricht" – Zum Freitod eines Patienten im Jahre 1898 [O "rescaldo de um recado" – Sobre o suicídio de um paciente em 1898]. *Kleine Texte Zur Freud Biographik*. Disponível em: <www.freud-biographik.de>; Borch-Jacobsen, M. (2011/2022). *Les patients de Freud: destins* (ed. rev. e ampliada). Auxerre: Sciences Humaines, pp. 130-134 [N.E.].

9 A partir da edição de 1904, as palavras "fora capaz", "contra a minha vontade" e "deliberadamente" aparecem destacadas com espacejamento entre as letras (substituído por itálicos em edições posteriores) [N.T.].

lutância em recordar dirigiu-se contra o primeiro conteúdo; a incapacidade para recordar manifestou-se em outro. É claro que o caso seria mais simples se a relutância e a incapacidade para recordar estivessem referidas ao mesmo conteúdo. — Os nomes substitutos já não me parecem tão injustificados como eram antes desta explicação; eles me informam (ao modo de um compromisso) a respeito daquilo que esqueci e daquilo que queria recordar, e indicam que o meu propósito de esquecer um conteúdo não foi inteiramente bem-sucedido.[10]

e) Chama muito a atenção o tipo de conexão que se estabelece entre o nome procurado e o tema recalcado (relacionado a morte e sexualidade, no qual aparecem os nomes Bósnia, Herzegovina, Trafoi). O esquema aqui apresentado, reproduzido do artigo de 1898, procura ilustrar visualmente essa conexão.

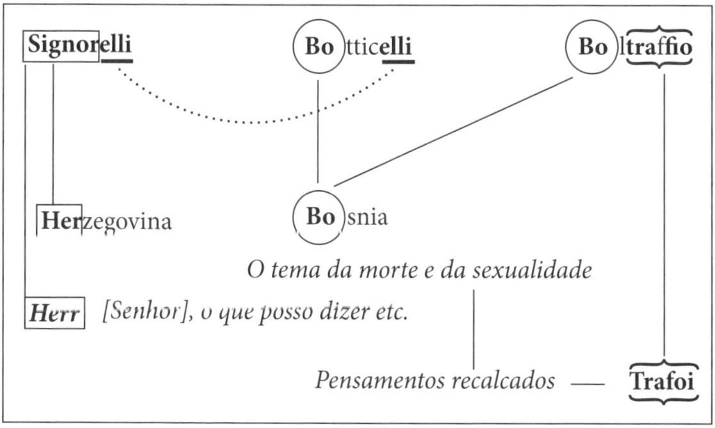


O nome Signorelli foi decomposto aqui em duas partes. Um dos pares de sílabas (*elli*) reaparece sem alteração em um

10 A partir da edição de 1904: "não foi nem inteiramente bem-sucedido nem inteiramente malogrado" [N.T.].

dos nomes substitutos; o outro formou numerosas e diversas ligações com o nome presente no tema recalcado a partir da tradução *Signor-Herr*, e por isso não alcançou a reprodução. Sua substituição aconteceu como se no percurso que conecta os nomes "*Her*zegovina e *Bó*snia" ocorresse um deslocamento que desconsidera o sentido e a delimitação acústica entre as sílabas. Ou seja, os nomes foram tratados nessa ocorrência como pictogramas de uma sentença que deve ser transformada em uma imagem cifrada (rébus). A consciência não teve notícia alguma do processo que, por essas vias, formou os nomes substitutos no lugar do nome Signorelli. *Inicialmente*, parece impossível encontrar alguma relação entre o tema no qual ocorre o nome Signorelli e o tema recalcado que o antecedia, exceto pela repetição da mesma sílaba.

Talvez não seja ocioso notar que a explicação apresentada acima não desmente as condições previstas pelos psicólogos para a reprodução e para o esquecimento, que devem ser procuradas em relações e disposições determinadas. Aos fatores capazes de provocar o esquecimento, reconhecidos desde há muito tempo, nós somente acrescentamos um *motivo* para certos casos e esclarecemos ainda o mecanismo do equívoco na recordação. Mesmo em nosso caso, aquelas disposições são indispensáveis para que se forme a possibilidade de que o elemento recalcado exerça, por meio da associação, um poder sobre o nome procurado e o incorpore ao recalque. No caso de um outro nome que encontrasse condições mais favoráveis para a reprodução, talvez isso não acontecesse. De fato, é provável que um elemento reprimido sempre esteja empenhado em fazer-se notar em alguma outra parte, mas alcance esse resultado somente quando encontra as condições adequadas. Em outras oportunidades a repressão acontece sem uma perturbação funcional ou, como estamos autorizados a afirmar, sem *sintoma*.

As condições para o esquecimento de um nome acompanhado por um erro de recordação seriam, em resumo, as seguintes: 1. Uma certa predisposição para o esquecimento desse nome; 2. Um processo de repressão que tenha ocorrido pouco antes; 3. A possibilidade da produção de uma associação *superficial* entre o nome em questão e o elemento que havia sido reprimido anteriormente. É improvável que se atribua um valor especial a esta última condição, pois na ampla maioria dos casos uma associação superficial teria condições de se impor diante de exigências que são limitadas. Uma outra questão, de alcance mais profundo, seria saber se essa associação superficial poderia de fato representar a condição suficiente para que o elemento recalcado perturbasse o nome procurado, ou se não seria indispensável uma conexão íntima entre ambos os temas. Uma observação superficial talvez nos faça recusar esta última exigência e considerar que o choque simultâneo de conteúdos inteiramente discrepantes seria suficiente. Mas um exame detido nos mostra com maior frequência que ambos os elementos ligados por uma associação superficial (o novo e aquele que foi recalcado) estabelecem uma conexão a partir do conteúdo, como também demonstra o exemplo *Signorelli*.

O valor da descoberta que realizamos ao analisar o exemplo *Signorelli* depende de saber se preferimos explicar este caso como uma ocorrência típica ou isolada. Pois devo afirmar que o esquecimento de um nome acompanhado por erros de recordação ocorre com grande frequência do modo como solucionamos o caso *Signorelli*. Praticamente em todas as ocasiões nas quais observei em mim mesmo o fenômeno, também pude explicá-lo desse modo, como um fenômeno motivado pelo recalcamento. Devo apresentar ainda um outro ponto de vista em favor da natureza típica de nossa análise. Não encontro uma justificativa para se separar por princípio os casos de esquecimento de nomes acompanhados por equívocos de recordação daqueles casos em que não ocorre um nome substituto incorreto. Esses nomes substitutos surgem espontaneamente em vários casos; e, nos casos em que não aparecem espontaneamente, nós podemos forçá-los a surgir por um reforço da atenção, e eles revelam as mesmas relações que teriam com o elemento recalcado e com o nome procurado caso tivessem ocorrido espontaneamente. São dois os fatores que parecem definir o acesso dos nomes substitutos à consciência: o primeiro é o empenho da atenção e o segundo, uma circunstância interna, ligada ao material psíquico. Eu poderia localizar esta última na maior ou menor facilidade com a qual se formam as indispensáveis associações superficiais entre esses dois elementos. Uma grande parcela dos casos de esquecimento de nomes sem os equívocos da recordação une-se dessa maneira aos casos em que são produzidos nomes substitutos de acordo com o mecanismo do exemplo *Signorelli*. No entanto, não me arriscaria a dizer que todos os casos de esquecimento de nomes pertencem a um único grupo. Não há dúvida de que existem casos nos quais o esquecimento de nomes acontece de uma maneira bem mais simples. Apresentaremos os fatos de modo bastante correto[11]

---

11 A partir da edição de 1904: "Apresentaremos os fatos com a devida cautela" [N.T.].

se afirmarmos que *ao lado do simples esquecimento de nomes próprios acontece também um outro esquecimento que é motivado pelo recalcamento.*

## *II. O esquecimento de palavras estrangeiras*

O vocabulário comum da nossa língua materna parece protegido contra o esquecimento dentro dos limites da função normal.[12]

---

12 Parece-me incerto que o emprego constante seja suficiente para explicar essa proteção. Por minha parte, ao menos, observei que os prenomes — que não compartilham a estrita conexão dos sobrenomes — ficam expostos ao esquecimento com a mesma facilidade. Certo dia apareceu no meu consultório um rapaz, o irmão mais moço de uma paciente, com quem eu já estivera inúmeras vezes e a quem tinha o costume de me referir pelo prenome. Quando mais tarde tentei falar sobre essa visita, eu havia esquecido o seu nome nada incomum e não conseguia recuperá-lo de jeito nenhum. Saí depois pela rua para olhar as placas das lojas e reconheci o nome logo que ele surgiu na minha frente. A análise me esclareceu que eu havia traçado entre o visitante e o meu próprio irmão um paralelo que culminaria numa pergunta que estava recalcada: será que o meu irmão agiria desse mesmo modo em relação a uma irmã doente? Um acaso havia tornado possível a ligação superficial entre os pensamentos sobre a família alheia e a própria, a saber, o fato de que tanto uma mãe como a outra possuíam o mesmo prenome: Amalia. Também compreendi posteriormente os nomes substitutos Daniel e Franz, que se impuseram antes para mim e não me traziam explicação nenhuma. A exemplo de "Amalia", são nomes dos bandoleiros de Schiller, e que aparecem em uma anedota do andarilho vienense *Daniel* Spitzer. ([N.E.]: Schiller, F. (1781/2001). *Os bandoleiros* (M. Backes, trad.). São Paulo: L&PM; Spitzer, D. (12 jul. 1873/1874). *Wiener Spaziergänge. Neue Sammlung* [Passeios vienenses: nova coleção] (2a ed.). Wien: Rosner, p. 251.)

Um pensamento reprimido sobre a própria pessoa ou a própria família transforma-se com frequência em motivo para se esquecer um nome, como se fosse feita uma comparação entre si mesmo e os outros. O exemplo mais inusitado desse gênero me foi contado por um senhor chamado *Lederer*. Em sua viagem de lua de mel, ele encontrou em Veneza um homem que só conhecia de vista, e precisava apresentá-lo à sua jovem esposa. Como havia esquecido o nome do estranho, um balbucio incompreensível

Mas o que se passa com o vocabulário de uma língua estrangeira é algo bem diferente. A predisposição ao esquecimento se estende a todas as classes gramaticais e se manifesta na oscilação com a qual empregamos um vocabulário estrangeiro, a depender da nossa disposição geral e sensação de cansaço. Numa série de casos este esquecimento obedece ao mesmo mecanismo que o exemplo *Signorelli* nos revelou. Fornecerei como prova uma só análise — porém, caracterizada por valiosas peculiaridades — de um caso de esquecimento envolvendo uma palavra de uma citação latina que não é um substantivo. Permitam-me relatar o breve incidente de modo claro e detalhado.

No verão passado reencontrei, numa outra viagem de férias, um jovem que possuía formação acadêmica e conhecia, como logo notei, algumas de minhas publicações psicológicas. Começamos a falar, já não sei bem como, a respeito da condição social do povo ao qual pertencemos; e ele, um rapaz ambicioso, dizia lamentar que sua geração estivesse condenada à apatia e fosse incapaz de desenvolver seus talentos e fazer frente às suas necessidades. Encerrou sua comovente fala com o célebre

---

salvou-o na primeira vez. Quando cruzou novamente com aquele homem, como é inevitável acontecer em Veneza, chamou-o de lado e pediu que resolvesse o embaraço dizendo-lhe o seu nome, o qual ele havia esquecido. Com a resposta, o estranho demonstrou extraordinário conhecimento da natureza humana: "Mas é claro que o senhor não registrou meu nome. Tenho o mesmo nome que o senhor: *Lederer*!"

É difícil evitar um ligeiro desconforto quando reencontramos o nosso próprio nome em uma pessoa estranha. Percebi isso recentemente com nitidez, quando um senhor *S. Freud* se apresentou numa consulta médica. ([N.T.]: Esta nota de rodapé será deslocada para o novo terceiro capítulo ("O esquecimento de nomes e sequências de palavras") a partir de 1907. As duas primeiras frases são suprimidas e os dois exemplos, expostos em trechos diferentes do capítulo.)

verso de Virgílio no qual a desafortunada Dido transmite à posteridade a vingança contra Enéas: *Exoriare*... — ou melhor, ele quis encerrá-la desse modo, pois não reproduziu a citação e tentou encobrir uma evidente lacuna da recordação com uma combinação de palavras: *Exoriar(e) ex nostris ossibus ultor!* Disse por fim, irritado:

"Não me olhe assim com essa ironia, como se apreciasse o meu constrangimento, e em vez disso tente me ajudar. Está faltando alguma coisa. Como é mesmo o verso completo?"

— Claro que sim — eu respondi, trazendo a citação correta:

*Exoriar(e)* aliquis *nostris ex ossibus ultor!*
[Há de nascer-me dos ossos *quem* possa vingar esta afronta][13]

"Que tolice esquecer uma palavra como essa. Mas nós sabemos pelo senhor que não existe esquecimento que não possua um motivo. Tenho muita curiosidade em saber como acabei por esquecer este pronome indefinido *aliquis*."

Aceitei o desafio no mesmo instante, pois esperava acrescentar mais um exemplo à minha coleção. E então disse:

---

13 Virgílio (séc. 1 a.C./2014). *Eneida* (C. A. Nunes, trad.). São Paulo: Editora 34, p. 295. Cabe destacar, na leitura do verso latino, que ali não aparecem os parênteses anotados por Freud. Sendo *exoriare* a forma da segunda pessoa do singular do subjuntivo presente do verbo *exorior* [erguer-se, surgir de], cumpre ainda apontar que a oscilação sugerida pelos parênteses ocorre entre ela a sua correspondente em primeira pessoa, *exoriar*. Isso faz pensar que talvez o interlocutor tenha titubeado entre o "tu" e o "eu" nesse debate sobre a exortação da descendência. Afinal, quando a prole sai aos genitores, quem é que surge/desaparece? Sobre descendência e punição no Livro IV da *Eneida*, cf. Vasconcellos, P. S. (2014). *Épica I: Ênio e Virgílio*. Campinas: Editora da Unicamp, pp. 53-56 [N.E.].

— Logo encontraremos o motivo. Devo somente pedir--lhe que me informe *de forma sincera e sem crítica* tudo o que lhe ocorre quando o senhor orienta a atenção para a palavra esquecida, sem definir alguma intenção.[14]

"Pois bem, o que me ocorre é uma ideia risível, repartir a palavra desta maneira: *a* e *liquis*."

— E o que isso seria?

"Não sei."

— O que mais lhe ocorre a respeito disso?

"A continuação seria: *relíquias – liquidação – líquido – fluido*. O senhor já encontrou alguma coisa?"

— Por enquanto não. Mas prossiga.

"Eu penso", continuou ele com um riso desdenhoso, "em *Simão* de *Trento*, cujas relíquias visitei há dois anos numa igreja em Trento. Penso nos libelos de sangue que novamente são brandidos contra os judeus; e no escrito de *Kleinpaul*, que reconhece em todas essas supostas vítimas as encarnações ou, por assim dizer, as reedições do Salvador."

— Essa ideia não está inteiramente desvinculada do assunto sobre o qual conversávamos antes que o termo latino lhe escapasse.

"Certo. Penso também em um artigo que li recentemente em um jornal italiano. O título, se bem me lembro, era: o que dizia Santo Agostinho a respeito das mulheres. O que o senhor enxerga nisso?"

— Estou à espera.

---

14 Este é o principal caminho para remeter à consciência os elementos representacionais que ficam ocultos.

"Agora me vem algo certamente fora de contexto com o nosso assunto."

— Evite a crítica de todas as maneiras e —

"Sim, já sei. Estou me recordando de um formidável senhor idoso que encontrei na semana passada durante a viagem. Excêntrico e *original*. Ele parecia uma enorme ave de rapina. Seu nome era, caso queira saber, *Benedito*."

— Já temos ao menos uma sucessão de santos e pais da Igreja: São Simão, *Santo Agostinho, São Benedito*. Creio que um dos pais da Igreja se chamava *Orígines*. Além disso, aqui aparecem três nomes que são prenomes, como *Paul* no nome *Kleinpaul*.

"Penso agora em São *Januário* e no milagre do sangue — mas tenho a impressão de que isso é muito mecânico."

— Não se preocupe com isso. São *Januário* e Santo *Agostinho* possuem ambos uma ligação com o calendário. E se o senhor me contasse o milagre do sangue?

"Mas o senhor certamente o conhece! Uma igreja de Nápoles preserva dentro de um frasco o sangue de São Januário, que, por um milagre, volta a *fluir* em um certo feriado. O povo atribui grande valor ao milagre e fica muito inquieto quando ele demora a acontecer, como se passou certa vez durante uma ocupação francesa. Naquela ocasião, o general que estava em comando — ou estou enganado? Teria sido Garibaldi? — chamou o clérigo e apontou de modo explícito para os soldados destacados, dando a entender que ele *esperava* que o milagre se cumprisse muito em breve. E assim aconteceu."

— Sim, e o que mais? Por que o senhor parou?

"Mas agora me ocorreu algo…, só que é íntimo demais para que eu diga ao senhor… Além disso, não vejo nenhuma conexão nem a necessidade de contar."

— A conexão fica por minha conta. Não posso obrigá-lo a contar alguma coisa que seja desagradável, mas neste caso o senhor também não pode exigir que eu saiba como acabou esquecendo a palavra "*aliquis*".

"O senhor acha mesmo? Bem, eu pensei subitamente numa senhora que talvez pudesse me trazer uma notícia bastante desagradável para ambos."

— Que ela não teve o período menstrual?

"Mas como o senhor adivinhou?"

— Agora já não é difícil. As instruções que o senhor transmitiu são suficientes. Pense nos *santos do calendário; no sangue que flui no dia esperado; na agitação quando alguma coisa não acontece; na clara ameaça de que o milagre precisa acontecer, senão*... A partir do milagre de São Januário o senhor elaborou uma formidável alusão ao período menstrual dessa mulher.

"Sem que eu soubesse. E o senhor acha mesmo que eu não estava conseguindo reproduzir esta palavrinha *aliquis* porque aguardava uma notícia com temor?"

— Não tenho dúvida. Lembre-se da maneira como separou *a-liquis* e das associações: *relíquias, liquidação, líquido*. Neste contexto eu também não poderia incluir *São Simão, sacrificado quando criança*, e que lhe ocorreu a partir de *relíquias*?

"Prefiro que não faça isso. Espero que o senhor não leve a sério esses pensamentos, se for mesmo verdade que eu os tive. Em contrapartida, irei admitir que se tratava de uma senhora italiana que me acompanhou numa visita a Nápoles. Mas isso tudo não poderia ser fruto do acaso?"

— Cabe ao senhor julgar se pode explicar todas essas conexões pela suposição de um acaso. Mas eu afirmo que o senhor irá encontrar "acasos" igualmente surpreendentes em todos os casos semelhantes que queira analisar.

Diversos motivos me fazem apreciar essa pequena análise cedida pelo companheiro de viagem, a quem devo meu agradecimento. Em primeiro lugar, porque esse caso me permitiu explorar uma fonte à qual geralmente não posso recorrer. Na maioria das vezes sou obrigado a retirar da minha auto-observação os exemplos aqui reunidos de perturbação das funções psíquicas na vida cotidiana. Faço o possível para evitar o material muito mais vasto que meus pacientes neuróticos oferecem, por temer a objeção segundo a qual esses fenômenos seriam os produtos e manifestações da neurose. Por isso é muito importante para os meus propósitos que uma pessoa desconhecida cujos nervos são saudáveis se ofereça como objeto para esse tipo de investigação. Esta análise possui grande valor para mim em outro aspecto, pois elucida um caso em que uma palavra é esquecida *sem* uma lembrança substituta equivocada e confirma o enunciado que formulei, segundo o qual a presença ou ausência de lembranças substitutas que são incorretas não pode justificar uma distinção essencial.[15]

---

15 Uma observação mais fina reduz o contraste entre as análises *Signorelli* e *aliquis* em aspectos relacionados às lembranças substitutas, pois na segunda o esquecimento também parece vir acompanhado de uma formação substituta. Quando perguntei mais adiante ao meu parceiro se não lhe havia ocorrido algum substituto enquanto fazia esforço para lembrar a palavra que estava faltando, ele contou que no princípio se sentiu tentado a incluir um *ab* no verso: *nostris ab ossibus* (talvez o fragmento desconectado de *a-liquis*), e que depois o *Exoriare* se impôs com firmeza e nitidez para ele. Por ser um incrédulo, acrescentou: evidentemente porque essa era a primeira palavra do verso. Quando lhe pedi que atentasse às associações de *Exoriare*, ele me entregou *Exorcismus* [exorcismo].

O valor do exemplo *aliquis* consiste principalmente numa outra diferença em comparação com o caso *Signorelli*. Neste, a reprodução do nome é perturbada pela ação posterior de uma sequência de pensamentos iniciada pouco antes e logo interrompida, cujo conteúdo, entretanto, não possuía uma relação nítida com o novo tema em que o nome *Signorelli* aparecia. Entre o tema recalcado e o tema do nome esquecido vigorava apenas a relação de contiguidade temporal, suficiente para que uma ligação se formasse entre ambos por meio de uma associação superficial. No exemplo *aliquis*, em contrapartida, não existem sinais de um tema recalcado independente que ocupasse o pensar consciente nos momentos anteriores e depois soasse como uma perturbação. Aqui, a perturbação

---

Isso me leva a pensar que a ênfase sobre *Exoriare* na reprodução possuía o valor de uma reprodução substitutiva. Esta teria sucedido por meio da associação, a partir dos nomes dos *santos*, com *Exorcismus*. Mas são sutilezas às quais não é necessário dar valor.

Mesmo assim, parece-me perfeitamente possível que a aparição de alguma espécie de lembrança substituta seja um sinal constante, ou quem sabe ainda peculiar e insidioso, do esquecimento que é motivado pelo recalcamento. Essa formação substituta também está presente ali onde não aparecem formações substitutas que são incorretas, sob a forma da ênfase de um elemento que aparece ao lado do elemento esquecido. No exemplo do Signorelli, enquanto o nome do pintor esteve fora do meu alcance, a recordação visual do ciclo de afrescos e do autorretrato posicionado na extremidade de uma das imagens era *extremamente nítida*, certamente muito mais intensa do que costumam ser para mim os vestígios das recordações visuais. Em um outro caso, igualmente relatado no artigo de 1898, eu havia esquecido completamente o nome da rua, numa outra cidade, de uma visita que me seria desconfortável, mas gravado com extrema nitidez o número da residência — como que por zombaria —, quando geralmente enfrento uma dificuldade enorme para recordar números.

parte de dentro do tema abordado, produzindo de modo inconsciente uma oposição frente ao anseio que é representado pela citação. É necessário reconstruir os eventos nos seguintes termos: o orador lamentava a restrição de direitos da atual geração de seu povo; uma nova geração — profetiza ele, como Dido — irá conduzir a vingança contra os opressores. Ou seja, ele expressou seu desejo por uma descendência. Nesse momento, ele depara com a ideia oposta: "Será que você quer mesmo uma descendência? Isso não é verdade. Pense: em que apuros você entraria se recebesse agora a notícia de que está esperando um descendente de um lado que você conhece? Não, nada de descendência, apesar de precisarmos dela para a vingança". Mas essa contradição consegue se impor ao produzir, tal como no exemplo Signorelli, uma associação superficial entre um dos elementos dessa representação e um elemento do desejo que foi desaprovado, e agora faz isso de uma maneira bruta, por um desvio de associações que parece artificial. Outro ponto fundamental de concordância com o exemplo do Signorelli está no fato de que a contradição deriva de uma fonte recalcada e começa com pensamentos que deveriam ter provocado um redirecionamento da atenção. — Isso é o suficiente a respeito das diferenças e da íntima semelhança entre ambos os paradigmas do esquecimento de nomes. Passamos a conhecer um segundo mecanismo do esquecimento, a perturbação de um pensamento por uma contradição que parte do recalcado. Voltaremos a encontrar esse processo, cuja compreensão nos parece mais simples, em várias oportunidades no curso desta exposição.

## III. Sobre as lembranças encobridoras[16]

Em um segundo estudo (publicado nesta revista[17] em 1899) pude comprovar a natureza tendenciosa de nossas lembranças em um domínio incomum.[18] Parti do evidente fato de que as mais precoces lembranças infantis de uma pessoa pareciam com frequência preservar aquilo que era indiferente e secundário, enquanto em diversos casos (mas não em todos!) as impressões do período que foram importantes, intensas e marcadas por afeto não deixam vestígios na memória do adulto. Como é bem sabido que a memória realiza uma seleção entre as impressões para ela disponíveis, seria então o caso de supor que nos anos de infância essa seleção obedece a princípios completamente diferentes daqueles do período da maturidade intelectual. Mas uma investigação abrangente comprova que essa suposição é dispensável. As lembranças infantis indiferentes devem sua existência a um processo de deslocamento; elas substituem, na reprodução, outras impressões realmente importantes cuja lembrança, a partir delas, adquire uma forma durante a análise psíquica, mas cuja reprodução direta é impedida por uma resistência. Como

16 A partir de 1907, este será o quarto capítulo e receberá um novo título ("Sobre lembranças infantis e lembranças encobridoras"). O título do novo terceiro capítulo, incluído naquele ano, será "O esquecimento de nomes e sequências de palavras" [N.T.].

17 A partir da edição de 1904: "publicado na *Revista Mensal de Psiquiatria e Neurologia* em 1899" [N.T.].

18 Cf. Freud, S. (1899). Über Deckerinnerungen. *Monatsschrift für Psychiatrie und Neurologie*, *6*(3), pp. 215-230. Em português brasileiro: Freud, S. (1899/2021). Sobre lembranças encobridoras (A. Carone, trad.). *Cadernos de Tradução LELPraT*, *2*, s/p. [N.E.].

essas lembranças foram preservadas em razão não do seu próprio conteúdo, mas sim de uma relação associativa entre o seu conteúdo e um conteúdo reprimido, elas podem reivindicar de modo legítimo o nome de "lembranças encobridoras".

No artigo mencionado, apenas assinalei a multiplicidade de relações e significados das lembranças encobridoras, sem ter chegado de modo algum a esgotá-la. No exemplo que foi analisado em detalhe, concedi destaque à peculiar relação *temporal* entre a lembrança encobridora e o conteúdo que ela encobria. O conteúdo da lembrança encobridora pertencia, naquele caso, aos primeiros anos de infância, enquanto as experiências que eram representadas por esta lembrança na memória, e que haviam permanecido praticamente inconscientes, só aconteceram anos adiante. Descrevi os deslocamentos dessa espécie como *retrospectivos* ou *retrógrados*. Talvez encontremos com frequência maior a relação oposta, na qual a impressão indiferente de um período recente é fixada na memória como uma lembrança encobridora e só recebe essa rubrica em função do seu contato com uma experiência mais antiga, enfrentando uma resistência que se opõe à sua reprodução. Estas seriam as lembranças encobridoras *prospectivas* ou *antecipadas*. O elemento essencial para a memória localiza-se, em termos de tempo, *por trás* da lembrança encobridora. Existe, por fim, a possibilidade de um terceiro caso, no qual a lembrança encobridora não se liga à impressão que ela encobre pelo conteúdo, mas sim pela contiguidade temporal, ou então a lembrança encobridora *simultânea* ou *adjacente*.

Qual seria a proporção de nossas memórias que pertence à categoria das lembranças encobridoras, e qual papel cabe a cada um dos diferentes processos de pensamento das neuroses? Estes são problemas que não avaliei naquela ocasião e nem irei abordar agora. Interessa-me somente assinalar a similaridade entre o esquecimento de nomes próprios acompanhado por equívocos de recordação e a formação das lembranças encobridoras.

As diferenças entre esses dois fenômenos são à primeira vista mais evidentes do que suas eventuais analogias. No primeiro são nomes próprios e no segundo, impressões completas que foram experimentadas ou na realidade ou no pensamento; no primeiro, uma falha manifesta da função da memória, e no segundo, um produto da recordação que nos parece estranho; no primeiro, uma perturbação passageira — o nome há pouco esquecido pode ter sido reproduzido da forma correta centenas de vezes, e isso pode voltar a acontecer no dia seguinte —, e no segundo, uma aquisição permanente que não sofre prejuízo, pois as recordações indiferentes da infância parecem nos acompanhar por boa parte da vida. O enigma parece seguir rumos muito diferentes nesses dois casos. Nossa curiosidade científica é instigada pelo esquecimento, no primeiro, e pela assimilação, no segundo. Um exame mais profundo nos permite notar que os pontos em comum prevalecem apesar da disparidade do material psíquico e da duração de cada fenômeno. Trata-se de um erro de lembrança em ambos os casos; a memória não reproduz aquilo que deveria ser reproduzido corretamente, e sim alguma outra coisa em substituição. No caso do esquecimento de um nome, a memória segue atuando sob a forma de um nome substituto. O caso da formação de lembranças encobridoras apoia-se no esquecimento de outras impressões mais relevantes. Nestes dois casos, uma impressão intelectual nos faz notar a interferência de uma perturbação que possui uma forma diferente em cada caso. No esquecimento de um nome, *sabemos* que os nomes substitutos são *falsos*; nas lembranças encobridoras, *ficamos surpresos* simplesmente porque as possuímos. Quando a análise psicológica comprova que a formação substituta surgiu do mesmo modo em ambos os casos, por um deslocamento no curso de uma associação superficial, a disparidade do material, da duração e do foco de cada um dos fenômenos contribui para fortalecer nossa expectativa de que descobrimos alguma coisa importante, que possui validade geral. Este caráter geral consistiria no fato de que as falhas e os descaminhos da função responsável pela reprodução são mais frequentes do que supomos e indicam a interferência de um fator que não é imparcial, de uma *tendência* que favorece uma lembrança enquanto empenha-se no trabalho contra uma outra.

## IV. Os lapsos de fala[19]

Se o material da língua materna que empregamos habitualmente parece protegido contra o esquecimento, mesmo assim ele está mais sujeito a uma outra perturbação conhecida como "lapso de fala". O lapso de fala, observado nas pessoas normais, passa a impressão de ser uma etapa preliminar da chamada "parafasia" que se manifesta sob condições patológicas.

Encontro-me aqui em uma rara situação que me permite examinar uma contribuição anterior. No ano de 1895, Meringer

19 Este será o quinto capítulo a partir da edição de 1907 [N.T.].

e C. Mayer[20] publicaram um estudo sobre lapsos de fala e lapsos de escrita cujas posições não se aproximam das minhas. Um dos autores, o principal responsável pelo texto, é filólogo e passou a investigar as regras dos lapsos de fala por conta de seus interesses linguísticos. Ele esperava poder inferir dessas regras "um mecanismo intelectual determinado, de acordo com o qual os sons de uma palavra, de uma frase e também das palavras entre si estivessem ligados e conectados de um modo inteiramente específico".[21]

---

20 O filólogo vienense Rudolf Meringer (1859-1931) havia feito formação em germanística e estudos linguísticos comparados nas universidades de Viena e Berlim, tornando-se professor titular de sânscrito e filologia comparada na Universidade de Graz (Áustria) no ano de 1899. Por sua vez, o neurologista e psiquiatra Carl Mayer (1862-1936) havia feito formação em medicina na Universidade de Viena, sua cidade natal, onde trabalhou com Nothnagel, Meynert e Krafft-Ebing, passando a atuar em Innsbruck (Áustria) a partir de 1894 — cidade onde ficaria até o final da vida e realizaria um trabalho inovador nos campos da neuroanatomia e da neuro-histologia patológica [N.E.].

21 Meringer, R. & Mayer, C. (1895). *Versprechen und Verlesen: eine psychologisch-linguistische Studie* [Lapsos de fala e lapsos de escrita: um estudo psicológico-linguístico]. Stuttgart: Göschen, p. 10 ([N.E.]: Curiosamente, em 8 de fevereiro de 1898 — ano em que Freud aborda o esquecimento do nome *Signorelli* pela primeira vez —, o linguista Rudolf Meringer havia apresentado na Sociedade Antropológica de Viena um estudo comparativo entre casas populares na Alemanha e na Bósnia e Herzegovina. Ali, ressalta uma diferença: embora as casas bósnias tivessem aquecedor de alvenaria na sala de estar, faltava tudo o que tinha pernas (mesa, banco, cama, cadeira), de modo que não haveria ali um "horizonte cultural" elevado acima do chão. Cf. neste volume: Freud, S. (1898). "O mecanismo psíquico do esquecimento", p. 21. Cf. também: Meringer, R. (1898). Volksthümliche Hauskultur in Bosnien und der Hercegovin [Cultura da casa popular na Bósnia e Herzegovina]. *Mitteilungen der anthropologischen Gesellschaft in Wien*, *28*(1), p. 8.)

Os autores organizam inicialmente os exemplos de lapsos de fala que foram reunidos sob o ponto de vista puramente descritivo como *permutações* (p. ex., "A Milo de Vênus" no lugar de "A Vênus de Milo"), *pré-sonâncias* ou *antecipações* (p. ex., "Pediu em casamento a irmão... a mão da irmã"), *pós-sonâncias* ou *posposições* (p. ex., "Gostaria de propor um brinde à saúde *do* nosso chefe, grande amigo *do* pei*do*", no lugar de "peito"), *contaminações* (p. ex., "Ele senta a cabeça no traseiro", a partir de "Ele encosta a cabeça no travesseiro" e "Ele senta na pata traseira"), *substituições* (p. ex., "Coloquei o preparado na chocadeira", no lugar de "incubadeira"), e acrescentam a estas categorias principais outras menos importantes — ou menos relevantes para os nossos propósitos. Nessa classificação é indiferente se a transposição, deformação ou fusão dos sons isolados de palavras, sílabas ou palavras inteiras afeta a frase pretendida.[22]

Para explicar as formas de lapsos de fala observadas, Meringer atribui valências distintas para os sons na linguagem. Se inervamos o primeiro som de uma palavra ou a primeira palavra de uma frase, o processo de excitação orienta-se imediatamente para os sons subsequentes ou para as palavras posteriores; e

22 A sequência original de lapsos é a seguinte: "Milo von Venus / Venus von Milo"; "Es war mir auf der Schwest... auf der Brust so schwer" (neste caso, a frase pretendida seria algo como "aquilo me doeu tanto no peito", e produz aliterações que conectam a palavra *Brust* [peito] às palavras *Schwester* [irmã] e *Bruder* [irmão]); "Ich fordere Sie *auf*, *auf* das Wohl unseres Chefs *auf*zustossen" [peço a todos que arrotem à saúde do nosso chefe], com a substituição de *anstossen* [brindar] por *aufstossen* [arrotar]; "Er setzt sich auf den Hinterkopf" [Ele se coloca na traseira da cabeça]: a partir de "Ele coloca a cabeça" [*Er setzt sich einen Kopf auf*] e "Ele se coloca nas patas traseiras" [*Er stellt sich auf die Hinterbeine*]; *Briefkasten* [caixa de correio] e *Brütkasten* [incubadora] [N.T.].

"na medida em que forem simultâneas, essas inervações podem influenciar umas às outras. A excitação do som que possui maior intensidade psíquica antecipa ou preserva um outro som, perturbando o processo de inervação que possui valência menor. Trata-se apenas de determinar quais os sons de uma palavra que possuem a maior valência. Meringer afirma:

> Se quisermos saber quais os sons que possuem as maiores valências numa palavra, devemos observar a nós mesmos enquanto procuramos uma palavra esquecida, p. ex. um nome. Em todos os casos, o primeiro elemento que reaparece na consciência era aquele que possuía a maior intensidade antes do esquecimento. Ou seja, os sons com maior valência são o primeiro som da sílaba do radical e o primeiro som da palavra ou da vogal acentuada.[23]

Não posso deixar de me opor a essa afirmação. Se o primeiro som de um nome pertence ou não aos elementos de maior valência da palavra, é certamente incorreto que ele seja o primeiro a reaparecer na consciência quando um nome é esquecido; portanto, a regra acima não pode ser utilizada. Quem observa a si mesmo enquanto procura um nome esquecido deve admitir com uma boa regularidade a certeza de que ele começa com uma determinada letra. Essa certeza comprova com a mesma frequência que possui ou não possui fundamento. Eu diria mesmo que na maioria dos casos nós declaramos um som errado. No nosso exemplo *Signorelli*, o som inicial e

---

23 Meringer, R. & Mayer, C. (1895). *Versprechen und Verlesen*. Stuttgart: Göschen, p. 162.

as sílabas fundamentais foram perdidas no nome substituto; e justamente o par de sílabas de menor valência, *elli*, retorna para a consciência[24] no nome substituto *Botticelli*.

Se aceitamos a suposição de que nas ocorrências de lapsos de fala comparece um mecanismo semelhante àquele que foi demonstrado no esquecimento de nomes, nós avançamos para uma avaliação mais fundamentada dos casos de lapsos de fala. A perturbação da fala, que se manifesta como um lapso, pode ser provocada, em primeiro lugar, pela influência de um outro componente da mesma fala, isto é, pela antecipação ou perduração de um som, ou por uma reformulação no interior da frase ou do contexto que pretendemos articular (todos os exemplos de Meringer e Mayer cabem aqui); em segundo lugar, a perturbação poderia mesmo assim ocorrer de uma maneira análoga ao caso Signorelli, motivada por influências *exteriores* à palavra, frase ou contexto, partindo de elementos que não pretendíamos articular e cuja excitação só passamos a conhecer justamente em virtude dessa perturbação. A simultaneidade da excitação seria o fator de semelhança; a posição no interior ou no exterior de uma mesma frase ou contexto seria o fator de diferença. A diferença não parece em princípio ser muito grande, pois refere-se a certos resultados da sintomatologia dos lapsos de fala. Apesar disso, fica claro que das ocorrências de lapsos de fala seria possível extrair conclusões a propósito de um mecanismo que liga entre si os sons e as palavras, articulando as influências que exercem um sobre o outro — ou seja, o tipo de conclusão aguardada por um estudioso da linguagem que

---

24 Na última edição, de 1924: "retorna para a recordação". Ademais, esse parágrafo e o próximo aparecem reunidos [N.T.].

investiga os lapsos de fala. No caso da perturbação motivada por influências exteriores à frase ou ao contexto de fala, a descoberta dos elementos perturbadores é o mais importante, e a questão de saber se o mecanismo dessa perturbação também revela as leis que são presumidas para a formação da linguagem só aparece em seguida.

Não podemos afirmar que tenha passado despercebida para Meringer e Mayer a possibilidade de uma perturbação da fala motivada por "influências psíquicas mais intricadas",[25] por elementos exteriores a uma palavra, uma frase ou uma sucessão de falas. Eles certamente notaram que a teoria da desigualdade psíquica dos sons cuida somente da explicação de perturbações nas sonoridades, como as antecipações e as perdurações. Ali onde as perturbações das palavras não podem ser reduzidas a perturbações sonoras, p. ex. nas substituições e contaminações de palavras, eles buscaram invariavelmente a causa do lapso de fala fora do contexto pretendido e comprovaram essa concepção por meio de belos exemplos. Cito as seguintes passagens:

> Mu.[26] narra situações que descreve *para si mesmo* como "sujeirada". Mas ele procura uma formulação mais bran-

---

25 No original citado por Freud, o termo encontrado é *Ursachen* [causas], e não *Einflüsse* [influências]. Cf. Meringer, R. & Mayer C. (1895). *Versprechen und Verlesen*. Stuttgart: Göschen, p. 133 [N.E.].

26 No original, "Ru.", grafado incorretamente. Trata-se, ao que tudo indica, de Matija Murko (1861-1952), esloveno que se formou em germanística e eslavística na Universidade de Viena entre 1880 e 1887, e estudou lituano com Meringer. Cf. Meringer, R. & Mayer C. (1895). *Versprechen und Verlesen*. Stuttgart: Göschen, p. 62 [N.E.].

da e começa: "E então *surjaram* alguns fatos...".[27] Mayer e eu estávamos presentes e Mu. confirmou que havia pensado na palavra "sujeirada". O fato de que a palavra pensada fosse insinuada e subitamente viesse à tona fica devidamente explicado pela semelhança entre as palavras.

[...]

Nas substituições e contaminações os elementos "flutuantes" ou "vagantes" também possuem a sua importância, que talvez seja maior nestes casos. Mesmo sem ultrapassar o limiar da consciência, eles estão a uma proximidade eficaz e podem ser atraídos com facilidade pelo complexo linguístico por conta de alguma similaridade, produzindo um deslizamento ou rompendo o encadeamento das palavras. As imagens verbais "flutuantes" ou "vagantes" são em muitos casos, como dissemos, os retardatários dos processos linguísticos transcorridos no momento imediatamente anterior (perserverações).

[...]

A similaridade também pode provocar um deslizamento quando uma outra palavra semelhante se encontra abaixo do limiar da consciência, *mas não se destina a ser pronunciada*. É o que se passa nas substituições.

Espero que um outro exame das minhas regras ofereça esta confirmação. Mas para tanto é necessário (se quem fala for uma outra pessoa) *que se saiba claramente tudo o*

---

27 No original: "Dann aber sind Tatsachen zum Vorschwein gekommen". A intenção consciente seria afirmar que certas coisas vieram "à tona" [*zum Vorschein*], e no entanto essa expressão acaba ligando-se à palavra *Schwein* [porco] [N.T.].

*que este falante havia pensado.*[28] Tenho aqui um exemplo instrutivo. O tesoureiro[29] Li. disse em nossa sociedade:[30] "Essa mulher me me**d**e medo".[31] Fiquei espantado porque aquele **d** não era compreensível. Tomei a liberdade de adverti-lo deste erro, do "mede" no lugar do "mete", ao que respondeu na mesma hora: "Ah, isso aconteceu porque pensei: "Esta pessoa não me**d**e esforços" etc.

Um outro exemplo: pergunto a R. v. Schiv.[32] pelo seu cavalo que adoeceu. Ele responde: "É, ele ainda *drua*... dura mais um mês". Não compreendi o "drua" com esse **r**, afinal o **r** de du**r**a não poderia produzir este efeito. Chamei a atenção de R. v. S., e ele esclareceu que havia

28 Grifo meu. ([N.T.]: O grifo é retirado na última edição, de 1924.)

29 No original, *Klassendirektor* [diretor de classe], grafado incorretamente. Trata-se de *Kassendirektor* [tesoureiro]. Cf. Meringer, R. & Mayer C. (1895). *Versprechen und Verlesen*. Stuttgart: Göschen, p. 97 [N.E.].

30 Meringer afirma que a maioria dos erros de fala apresentados "ocorreu e foi observada em uma sociedade que se reúne regularmente na hora do almoço. A idade dos cavalheiros varia pouco em torno dos trinta, apenas Reg. está na casa dos cinquenta e Adl., dos setenta. Todos são eloquentes e têm formação acadêmica. Mu. é esloveno; Feo., russo, mas ambos falam alemão muito bem. Fora isso, só registrei erros com a garantia de observação correta. As regras referem-se principalmente ao alemão, mas creio que serão encontradas da mesma forma em idiomas semelhantes". Cf. Meringer, R. & Mayer, C. (1895). *Versprechen und Verlesen*. Stuttgart: Göschen, pp. 11-12 [N.E.].

31 Combinação entre o verbo *einjagen* [provocar, insuflar] e o verbo inexistente *einlagen*, que inclui a palavra *Lage* [condição ou posição] [N.T.].

32 No original, "R. v. Schid.", grafado incorretamente. Trata-se provavelmente do industrial Richard von Schivizhoffen, nascido em 1859. Cf. Meringer, R. (1908). *Aus dem Leben der Sprache* [Da vida da linguagem]. Berlin: Behr, p. XII [N.E.].

> pensado: "essa é uma história *triste*". Ou seja, o falante tinha em mente duas respostas que se misturaram.[33]

É indiscutível que o exame das imagens verbais "vagantes", que estão abaixo do limiar da consciência e não se destinam a serem pronunciadas, e a exigência de informar-se a respeito daquilo que o falante pensou aproximam-se das situações de nossas "análises". Nós também procuramos um material inconsciente, aliás por este mesmo caminho, embora precisemos percorrer um trajeto maior em uma série complexa de associações, partindo dos primeiros pensamentos da pessoa que interrogamos até a descoberta do elemento perturbador.

Abordarei ainda um outro expediente curioso que aparece nos exemplos de Meringer. Na concepção do próprio autor, entre uma palavra da frase pretendida e uma outra palavra que não era pretendida existe alguma semelhança que permite que a última ganhe relevo para a consciência ao provocar uma deformação, uma formação mista ou uma formação de compromisso (contaminação).

*mede, dura, surgir*
*mete, triste, sujar*

Pois bem: em meu escrito sobre a interpretação dos sonhos,[34] esclareci como o trabalho de condensação contribuía

---

33 Meringer, R. & Mayer, C. (1895). *Versprechen und Verlesen*. Stuttgart: Göschen, pp. 62, 73, 97-98.

34 Freud. S. (1900). *Die Traumdeutung* [A interpretação dos sonhos]. Leipzig/ Wien: Deuticke.

para que o chamado "conteúdo manifesto" do sonho viesse à tona a partir dos pensamentos latentes do sonho. Alguma semelhança presente nas representações de coisa ou nas representações de palavra de dois elementos do material inconsciente ocasiona ali a produção de um terceiro elemento, uma formação mista ou de compromisso que ocupa o lugar dos dois primeiros componentes no conteúdo do sonho e que carrega com frequência, por causa dessa origem, determinações particulares que são contraditórias. A formação de substituições e contaminações nos lapsos de fala é, portanto, um início daquele trabalho de condensação que vemos atuar com tanto vigor na montagem dos sonhos.

Em um breve artigo destinado ao público geral, Meringer reivindicou um significado prático específico para determinados casos de trocas de palavra, mais exatamente para os casos em que substituímos uma palavra por aquela que possui o sentido oposto.

> Certamente ainda lembramos qual foi a maneira como o presidente do Parlamento Austríaco *abriu* uma sessão algum tempo atrás: "Membros do Parlamento! Verifico a presença de tantos e tantos senhores e assim declaro a sessão *encerrada*!". O ar jocoso da plateia logo chamou a sua atenção e ele emendou o erro. A explicação para esse caso seria a seguinte: o presidente *desejava* que as circunstâncias lhe permitissem encerrar[35] a sessão, da qual não devia esperar grande coisa, mas — e isso acontece

35 No original citado por Freud, o termo "encerrar" está grifado [N.E.].

> com frequência — um pensamento paralelo impôs-se ao menos parcialmente e o resultado foi "encerrada" no lugar de "aberta", ou seja, o contrário daquilo que ele pretendia dizer. Mas a observação constante me ensinou que a troca de palavras opostas costuma ocorrer com muita frequência; elas estão previamente associadas pela nossa percepção da linguagem, estão muito próximas uma da outra e são facilmente evocadas de maneira incorreta.[36]

Quando um termo é trocado pelo seu oposto, nem sempre é tão simples, como nesse exemplo do presidente, indicar a possibilidade de que o lapso seja a consequência de uma oposição formada no íntimo da pessoa que fala em relação à frase que ela pronunciou. Na análise do exemplo *aliquis*, nós encontramos o mecanismo análogo: uma oposição íntima manifestava-se ali através do esquecimento, e não da substituição pelo termo oposto. Mas, para amenizar essa distinção, destacaremos que a palavrinha *aliquis* não gera um termo oposto, como a palavra "aberta" em relação a "encerrada", e que "aberta" é um termo acessível da linguagem falada que não poderia sucumbir ao esquecimento.

Se os últimos exemplos de Meringer e Mayer nos mostram que a perturbação da fala pode derivar tanto da influência de sons e palavras anteriores ou posteriores em uma frase que seria pronunciada como da interferência de palavras que estão fora da frase pretendida, *e cuja excitação não se deixaria revelar numa outra circunstância*, buscaremos em seguida saber se é

---

36 Meringer, R. (23 ago. 1900). *Wie man sich versprechen kann* [Como podemos cometer lapsos de fala]. *Neue Freie Presse*, (12931), p. 6.

possível separar com nitidez as duas classes de lapsos, e como seria possível distinguir um exemplo de uma classe de um caso da outra. Neste ponto, porém, devemos recordar a avaliação de Wundt, que também aborda o fenômeno dos lapsos de fala no abrangente estudo recém-publicado sobre as leis do desenvolvimento da linguagem.[37] De acordo com Wundt, nesses fenômenos e em outros que possuem parentesco com ele, o que jamais falta são certas influências psíquicas.

> Em tais casos comparece como determinação positiva, em primeiro lugar, o fluxo desinibido das associações de sons e palavras evocadas pelos sons que foram pronunciados. Ele é favorecido por dois fatores negativos: a suspensão ou rebaixamento da ação inibidora da vontade sobre esse fluxo, e a atenção, que nesse caso também atua como função volitiva. A questão de saber se esse jogo de associações se realiza sob a forma de um som que antecipa ou repete o som anterior, ou que está intercalado com outros sons empregados de maneira regular, ou ainda se palavras inteiramente diversas conectadas por associação aos sons pronunciados exercem sobre eles alguma influência: todos estes casos apenas assinalam diferenças relacionadas à direção ou quando muito ao campo das associações envolvidas, e não à sua natureza geral. Em alguns casos também pode haver dúvida quanto à forma a ser atribuída a uma perturbação específica, ou ainda se o

37 Wundt, W. (1900). *Völkerpsychologie: Die Sprache* [Psicologia dos povos: A linguagem] (Vol. 1, Parte 1). Leipzig: Engelmann, pp. 371-ss.

> mais correto não os seria atribuir a uma conjunção de diferentes fatores *em conformidade com o princípio da complicação das causas*.[38]

Penso que as observações de Wundt são corretas e muito instrutivas. Talvez pudéssemos enfatizar mais do que o próprio Wundt que o fator positivo que facilita o equívoco na fala (o fluxo desinibido das associações) e o fator negativo (o rebaixamento da atenção responsável pela inibição) normalmente atuam em conjunto, o que os transforma em determinações distintas de um mesmo processo. Com o rebaixamento da atenção que inibe, é justamente o fluxo desinibido das associações que entra em ação; ou, numa expressão mais inequívoca: *por causa* desse rebaixamento.

Entre os exemplos de lapsos que reuni por minha própria conta, seria difícil encontrar algum que eu pudesse atribuir única e exclusivamente ao "efeito do contato entre os sons" assinalado por Wundt.[39] Encontro quase regularmente uma influência perturbadora que partia de alguma coisa *exterior* à fala pretendida, e o elemento perturbador ou era um pensamento isolado e até então inconsciente, que se manifesta por meio do lapso e pode em muitos casos ser conduzido à consciência por uma análise cuidadosa, ou um motivo psíquico genérico que se opõe à fala como um todo.

---

38 Wundt, W. (1900). *Völkerpsychologie: Die Sprache* (Vol. 1, Parte 1). Leipzig: Engelmann, pp. 380-381; grifo meu. ([N.T.]: O itálico é retirado na última edição, de 1924.)

39 Wundt, W. (1900). *Völkerpsychologie: Die Sprache* (Vol. 1, Parte 1). Leipzig: Engelmann, pp. 424-ss. [N.E.].

a) Um exemplo: tentei recitar para minha filha, que havia feito uma careta ao morder uma maçã,

*O macaco é uma gracinha*
*Quando morde a maçãzinha.*[40]

Começo dizendo: "o *maçaco*...". Isso parece uma contaminação entre *macaco* e *maçã* (formação de compromisso), ou pode ser entendido como uma antecipação da "maçã" que eu logo iria dizer. A situação na verdade era esta: eu já havia iniciado o verso uma vez sem cometer nenhum lapso. Só me equivoquei ao me repetir, o que foi necessário porque minha interlocutora estava ocupada com outras coisas e não me ouviu. Preciso incluir essa repetição, essa impaciência a ela associada para me livrar da frase, na motivação do equívoco de fala que aparece como um produto do deslocamento.

b) Minha filha diz: "Estou escrevendo para a senhora *Schresinger*...". A senhora se chama *Schlesinger*. Esse equívoco de fala certamente está relacionado a uma tendência ao relaxamento da articulação, pois é mais difícil pronunciar o **l** após a repetição do **r**. Mas devo acrescentar que esse lapso da minha filha ocorreu minutos depois que eu tivesse dito *maçaco* no lugar de *macaco*. Pois o lapso de fala é altamente contagioso, a

---

40 Trata-se das primeiras linhas de "Fibelverse" ["Versos de cartilha"]. Cf. Wustmann, G. (org.). (1886). *Als der Grossvater die Grossmutter nahm: ein Liederbuch für altmodische Leute* [Quando o vovô casou com a vovó: um livro de canções para gente das antigas]. Leipzig: Grunow, p. 269. No original, os paralelismos sonoros ocorrem entre *Apfel* [maçã] e *Affe* [macaco] [N.T.].

exemplo do esquecimento de nomes, ao qual Meringer e Mayer atribuem essa característica. Eu não saberia indicar um motivo para esse contágio psíquico.

c) "Estou mais fechada que *caniveche* — quero dizer, *canivete*",[41] diz no início da sessão uma paciente que confundiu os sons e pode usar, nesse caso, a dificuldade de articulação como justificativa ("Lívidas lavadeiras vienenses lavam alvas vestes", e trava-línguas similares). Advertida do equívoco, responde na mesma hora: "Mas é só porque hoje o senhor disse 'chevero'". E realmente, ao recebê-la, eu havia dito: "Hoje o negócio vai ser severo" (pois seria a última sessão antes das férias) e, em tom de brincadeira, alarguei o "severo" em "chevero". Durante a sessão, ela comete uma sucessão de lapsos e, ao final, percebo que não apenas estava me imitando, como também tinha uma razão especial para apegar-se, no inconsciente, a "severo" como nome próprio.[42,43]

---

41 No original: "Ich klappe zusammen wie ein *Tassenmescher* — *Taschenmesser*". Literalmente: "Estou fechando que nem... canivete" (expressão idiomática que significa "colapsar"); a palavra *Tassenmescher*, por sua vez, não existe [N.T.].

42 Ela sofria, como foi constatado, a influência de pensamentos inconscientes relacionados à gravidez e à contracepção. Com as palavras "mais fechada que canivete", que apresentavam uma queixa consciente, ela queria descrever a posição do bebê no corpo materno. A palavra "severo", na minha intervenção, fez com que ela se lembrasse do nome (Severo) da conhecida loja vienense na rua Kärtner, que costuma informar a venda de contraceptivos nos seus anúncios.

43 O nome próprio *Ernst* também corresponde ao adjetivo *ernst* (sério, grave) — neste caso, pronunciado jocosamente com um *-sch-* por Freud [N.T.].

d) "Estou tão entupida que mal consigo *azoar* o nariz — assoar o nariz"[44] é o que se passou com a mesma paciente numa outra ocasião. Ela logo compreende como se deu o lapso. "Todo dia eu pego o bonde na rua *Hasenauer*, e hoje cedo, enquanto aguardava a condução, me ocorreu que eu pronunciaria *Asenauer* se fosse uma francesa, pois os franceses omitem o som do *H* no início das palavras". Ela passa em seguida a uma série de reminiscências dos franceses que conheceu, e após um longo desvio recorda que aos quatorze anos de idade interpretou a picarda na peça "Der Kurmärker und die Picarde", e que falara um alemão com sotaque carregado.[45] Uma coincidência, a chegada de um hóspede vindo de Paris em sua pousada, havia despertado toda essa série de lembranças. Ou seja, a troca dos sons era o resultado da perturbação por um pensamento inconsciente que viera de um contexto muito afastado.

---

44 No original: "Ich bin so verschnupft, ich kann nicht durch die *Ase natmen* — Nase atmen" [Estou tão entupida que não consigo *nespirar pelo rariz* — respirar pelo nariz] [N.T.].

45 A peça, que é uma comédia breve, possui duas personagens: Schulze, soldado de infantaria do Margraviato da Prússia; e Marie, camponesa de um vilarejo da Picardia, que fala com Schulze em francês e num alemão caricato. Schneider, L. (1859). *Der Kurmärker und die Picarde: Genrebild in einem Akt* [O margraviatês e a picarda: pintura de gênero em um ato]. Berlin: Bloch [N.E.].

*F. Gossmann e A. Weirauch como Marie e Schulze* [L. Veit, s.d.]

e) Esse mesmo mecanismo aparece no lapso de fala de uma outra paciente que não foi socorrida pela memória enquanto reproduzia uma lembrança infantil desaparecida há vários anos. A memória não quer lhe dizer qual parte do corpo havia sido apalpada pela mão indiscreta e atrevida de uma outra pessoa. Logo a seguir ela visita uma amiga com quem conversa a respeito de sua casa de veraneio. Quando lhe perguntam em qual região fica a sua casa, ela responde no *fundilho* da colina em vez de no *fundo* da colina.[46]

f) Uma outra paciente, a quem pergunto por seu tio no encerramento da sessão, responde: "Não sei, agora só o vejo *in flagranti*".[47] No dia seguinte ela diz ao chegar: "Fiquei muito constrangida por ter dado ao senhor uma resposta tão tola. O senhor certamente imagina que sou uma pessoa sem instrução, que confunde palavras estrangeiras a toda hora. Mas eu queria dizer *en passant*".[48] Não sabíamos naquele momento de onde ela havia tirado a palavra estrangeira empregada incorretamente. Mas na mesma sessão ela deu sequência a uma reminiscência dos dias anteriores na qual a descoberta em flagrante aparecia como o elemento central. Ou seja, o equívoco de fala do dia anterior havia antecipado a lembrança que ainda não era consciente.

g) No caso de outra paciente, em certo momento da análise precisei levantar a suposição de que ela sentia vergonha pela

---

46 No original: *Berglehne*, a encosta da montanha; *Berglende*, a anca / o lombo da montanha [N.T.].

47 Do latim, "em flagrante" [N.E.].

48 Do francês, "de passagem" [N.E.].

família durante o período que havíamos abordado, e que recriminava o pai por alguma razão que ainda não conhecíamos. Ela nada lembra a propósito e ainda considera isso pouco provável. Mas, na continuação da conversa, faz comentários sobre a família: "Precisamos admitir: são pessoas que sabem usar a *cobiça* — eu queria dizer a *cabeça*".[49] Era essa a recriminação que ela havia recalcado para fora da memória. É comum que no lapso de fala se infiltre justamente a ideia que se queria impedir (vide o caso de Meringer: *surjaram*[50]). A única diferença está no fato de que, no exemplo de Meringer, a pessoa tem consciência a respeito do que ela quer impedir, enquanto minha paciente não sabe o que é aquilo que sofreu um impedimento, ou como também poderíamos dizer: ela não sabe que está impedindo alguma coisa, e nem sabe que coisa é essa.

h) "Se quiser comprar tapetes, procure o sr. Mercante na rua Mateus. Creio que também posso lhe recomendar por lá", diz para mim uma senhora. E eu repito: "*Mateus*... quer dizer, *Mercante*". A repetição de um nome no lugar de outro parece efeito da distração. E a fala dessa senhora realmente me distraiu, pois desviou minha atenção para outra coisa que considero muito mais importante que tapetes. Pois na rua Mateus morava a minha esposa enquanto éramos noivos. A entrada da casa ficava numa outra rua, e agora me dou conta de que esqueci o seu nome e preciso fazer um contorno para trazê-lo

49 No texto original ocorre a substituição da palavra *Geist* [espírito] pela palavra *Geiz* [ganância] [N.T.].

50 Cf. acima, pp. 58-59 [N.E.].

à consciência. O nome Mateus, que persiste para mim, é o nome que substitui aquele da rua esquecida. Neste caso, ele é mais adequado do que o nome Mercante, pois Mateus é apenas um nome próprio, ao contrário de Mercante, e o nome da rua esquecida também é um nome próprio: Radetzky.

i) Eu poderia perfeitamente incluir o próximo exemplo entre os "equívocos" a serem discutidos adiante, mas o apresento aqui porque as relações fonéticas responsáveis pela substituição de palavras têm uma clareza incomum. Uma paciente me conta o sonho: uma criança decidiu matar-se com a picada de uma cobra e leva a cabo essa decisão. Ela observa o corpo da criança se contorcendo etc. Agora ela há de encontrar a ligação entre esse sonho e os acontecimentos do dia. Recorda imediatamente que havia acompanhado, na noite anterior, uma palestra popular sobre primeiros socorros em casos de picada de cobra. Se um adulto e uma criança forem picados concomitantemente, deve-se tratar primeiro a ferida da criança. Também recorda o tratamento prescrito pelo palestrante. Tudo dependeria muitíssimo da espécie responsável pela picada. Nesse ponto a interrompo e pergunto: mas ele não informou que existem poucas espécies venenosas nesta região, nem quais são as perigosas? "Sim, destacou a *cascavel-de-quatro-ventas*". Pelo meu riso, ela se deu conta de que havia dito alguma coisa errada. Mas, em vez de corrigir o nome, retira o que havia dito. "É verdade, elas não existem por aqui; ele falou das víboras-de-chifre. Mas por que eu fui pensar em cascavel-de-quatro-ventas?" Suspeitei que fosse por causa da interferência dos pensamentos que se escondiam por trás do sonho. É improvável que o suicídio pela picada de uma cobra fosse outra coisa, a não ser uma alusão à bela ***Cleópatra***. A rica semelhança fonética entre as duas palavras, a coincidência das letras **C**, **l**, **t**, **r** numa sequência idêntica e a repetição das vogais **e** e **a** são inequívocas. A conexão favorável entre os nomes *cascavel-de-quatro-ventas* e *Cleópatra*[51] produz na paciente uma momentânea limitação do juízo, razão pela qual não estranha a afirmação de que o palestrante explicaria para uma plateia vienense como tratar uma mordida de cascavel. Não queremos de modo algum censurá-la por não ter percebido que a cascavel foi transferida para o Egito, pois estamos habituados a misturar tudo o que é não europeu e exótico, e eu mesmo precisei refletir por um momento antes de afirmar que a cascavel pertencia somente ao Novo Mundo.

Novas confirmações surgem no decorrer da análise. Um dia antes do sonho, a paciente havia visto pela primeira vez o grupo escultórico de Von Strasser retratando *Marco Antônio*, que fica próximo de sua casa. Essa era a segunda causa provocadora do sonho (a primeira havia sido a palestra sobre picadas de cobra). Na continuação do sonho, ela ninava uma criança em seus braços, numa cena que associa a Gretchen.[52]

---

51 No original: *Klapperschlange* [cascavel] e *Kleopatra*. Freud assinala a sequência das consoantes ***K***, ***l***, ***p*** e **r** em ambas as palavras [N.T.].

52 Na primeira parte da tragédia de Goethe, o doutor Fausto, rejuvenescido por Mefistófeles — a quem vende a alma em troca de privilégios e regalias —, seduz a bela e inocente Gretchen (diminutivo do nome Margarida, em alemão), e depois a abandona. Desesperada, a moça mata o filho e é presa. Fausto vai visitá-la no cárcere e tenta convencê-la a fugir, mas ela morre em seus braços. Cf. Goethe, J. W. von (1808/2016). *Fausto: uma tragédia — Primeira parte* (6a ed.; J. K. Segall, trad.). São Paulo: Editora 34, pp. 501-ss. [N.E.].

*Gretchen, libertada de suas correntes, abraça Fausto* [P. Mila, 1832]

As associações seguintes mostram reminiscências de "*Arria* und *Messalina*".[53] A aparição de tantos nomes de peças teatrais conduz à suspeita de que a sonhadora cultivava em seus primeiros anos uma paixão secreta pela profissão de atriz. A abertura do sonho, "uma criança decidiu dar fim à própria vida com a picada de uma cobra", não possui outro significado senão: na infância, ela pretendia tornar-se uma atriz famosa. Os caminhos dos pensamentos se separam a partir do nome *Messalina*, que conduz ao conteúdo genuíno desse sonho. Eventos mais recentes haviam despertado nela o temor de que o seu único irmão se unisse em um casamento desigual, uma *mésalliance*[54] com uma não *ariana*.

No procedimento terapêutico que utilizo para solucionar e eliminar sintomas neuróticos surge com frequência a tarefa de investigar, partindo de afirmações e associações que o paciente parece ter feito por acaso, um conteúdo de pensamento que tenta se esconder e mesmo assim deixa-se trair de várias maneiras, contrariando a própria intenção. Nessas situações o lapso de fala costuma oferecer um auxílio valioso, como já demonstrei a partir dos mais convincentes e dos mais estranhos exemplos. Pacientes falam de uma tia e, sem perceber o lapso, chamam-na de "minha mãe", ou referem-se ao marido como o seu "irmão". Desta maneira, advertem-me de que "identificaram" essas pessoas entre si, inseriram todas numa série que representa em sua vida afetiva o retorno de um mesmo tipo.

---

53 Wilbrandt, A. (1874/1895). *Arria und Messalina: Trauerspiel in fünf Aufzügen* [Arria e Messalina: tragédia em cinco atos] (3a ed.). Wien: Künast [N.E].

54 O termo francês refere-se especialmente à união em que um dos cônjuges é de condição social inferior [N.E.].

Em outros casos uma combinação inusitada de palavras, uma expressão que parece forçada, já é o bastante para desvendar a presença de um pensamento recalcado em uma fala que possuía motivação distinta.

Nas perturbações discursivas mais flagrantes, assim como nas mais sutis, que podem ser igualmente subsumidas ao "lapso de fala", não considero a influência do contato entre os sons, mas sim o contato entre pensamentos fora da intenção discursiva, como o fator determinante para o surgimento do lapso de fala e suficiente para o erro na fala que foi produzido. Não coloco em dúvida as leis relacionadas às alterações que um som provoca sobre outro, mas não me parece que sejam capazes de perturbar por conta própria a ocorrência da fala correta. Nos casos que estudei e examinei a fundo, elas apresentam somente o mecanismo preexistente que um motivo psíquico afastado utiliza de modo conveniente, mas sem vincular-se ao domínio dessas relações. Em uma vasta série de substituições, os lapsos de fala deixam essas leis de sonoridade completamente de lado. A esse respeito estou de pleno acordo com Wundt, que presume para os lapsos de fala causas combinadas que vão muito além do contato entre os sons.

Se tomo por certas estas "influências psíquicas mais afastadas", segundo a expressão de Wundt,[55] por outro lado não encontro nada que nos impeça admitir que, quando se fala

55 Possível referência ao parágrafo final do capítulo "Der Lautwandel" ["A mudança fonética"], em que Wundt afirma que "os vários processos de mudança fonética não são [...] uma mistura de diferentes processos físicos e psíquicos, mas formam um evento psicofísico unificado que só assume formas diferentes em função da ordem e da interconexão de suas condições individuais, e em função de estas pertencerem a um *passado mais afastado* ou a um estágio de desenvolvimento linguístico que

depressa ou quando a atenção se desvia um pouco, as condições para o lapso de fala podem muito bem restringir-se aos limites estabelecidos por Meringer e Mayer. Uma solução mais complicada é bastante provável para uma parte dos exemplos reunidos por esses autores. Separo, por exemplo, o caso que mencionamos pouco antes:

*Pediu em casamento a irmão...*
*a mão da irmã.*

Será mesmo tão simples que o *mã* puxe o *ir*, criando uma pré-sonância? É difícil negar que o som *ir* não sustente uma relação especial com essa precipitação. E neste caso ela não poderia ser outra exceto a associação: *irmão-irmã*, o que conduziria a um outro circuito de pensamentos. Por trás das cortinas, essa auxiliar invisível empresta ao inócuo *ir* um poder cujo resultado se manifesta como um equívoco na fala.

Outros lapsos de fala permitem supor que o verdadeiro elemento perturbador seja a lembrança de termos e significados obscenos. A deformação e a desfiguração voluntária de palavras e locuções, tão apreciadas por pessoas desaforadas, têm o único objetivo de atrair a atenção para alguma coisa proibida por meio de uma circunstância inocente, e essas brincadeiras são tão comuns que não seria uma surpresa se elas também se impusessem de maneira involuntária, contrariando a própria

---

ainda é mais acessível para nós em seus motivos psíquicos". Cf. Wundt, W. (1900). *Völkerpsychologie: Die Sprache* (Vol. 1, Parte 1). Leipzig: Engelmann, p. 490 [N.E.].

vontade. Exemplos[56] como *caga de ovo* em vez de *clara de ovo*, *de nádegas* em vez de *de nada*, *capitel coliforme* em vez de *capitel lotiforme* etc., ou talvez *o vaso de alab**usto*** (*vaso de alab**astro***) de Santa Madalena entram certamente nessa categoria.[57] "Gostaria de propor um brinde ao nosso chefe, um amigo *do* pei*do*" não é mais do que uma paródia involuntária que faz ressoar uma paródia voluntária. Fosse eu o chefe que recebe esse lapso como homenagem do orador, certamente pensaria na sagacidade dos romanos que, após um triunfo do imperador, permitiam aos soldados que entoassem em voz alta suas críticas a ele em canções satíricas. — Meringer conta o caso em que ele próprio disse certa vez à pessoa mais velha da sociedade, que recebia o distinto tratamento de "deão" ou "deão senécio": "À saúde do peão senécio!" Ele ficou espantado com o próprio equívoco. Nós talvez possamos explicar o seu afeto se notarmos a proximidade entre "senécio" e o insulto "seu néscio".[58] Não prestar reverência aos mais velhos (ou ao pai, numa redução à infância) pode ser motivo de severa autopunição.

---

56 As trocas que constam do original são as seguintes: *Eischeissweibchen* [caga-ovo] no lugar de *Eiweissscheibchen* [disco de albumina / clara de ovo]; *Apopos* [apopô] no lugar de *Apropos* [a propósito]; *Lokuskapitäl* [capitel de latrina] no lugar de *Lotuskapitäl* [capitel de lótus]; *Alabüsterbachse*, termo inexistente, no lugar de *Alabasterbüchse* [vaso de alabastro] [N.T.].

57 No caso de uma paciente minha, o lapso de fala encontrou um prolongamento como sintoma, até que ele fosse remetido a um jogo infantil que faz a troca da palavra *arruinar* por *urinar*.

58 Na Áustria, *Senexl* é o diminutivo afetuoso do termo latino *senex* [ancião]. Neste exemplo, também há um jogo de palavras entre as expressões "Altesl", gerada pela troca de sons, e "alter Esel" (burro velho) [N.T.].

Espero que os leitores não desconsiderem a diferença de valor entre essas explicações que não podem ser comprovadas e os exemplos que eu mesmo reuni e esclareci por meio de análises. Se tenho ainda a expectativa de que seria possível remeter os casos aparentemente simples de lapsos de fala a uma perturbação provocada por uma ideia parcialmente reprimida que é *exterior* ao contexto pretendido, devo isso a uma observação de Meringer que merece atenção. É curioso, afirma o autor, que ninguém queira cometer lapsos.[59] Existem pessoas muito íntegras e reservadas que se ofendem ao serem informadas de que cometeram um. Não me arrisco a generalizar essa afirmação, como assinala o "ninguém" de Meringer. Mas o sinal de afeto que está ligado à comprovação do lapso, e que tem a evidente natureza de uma vergonha, possui o seu significado. Ele deve ser equiparado à irritação de quando não lembramos um nome esquecido e à surpresa pela preservação de uma lembrança aparentemente sem valor, e indica em todos os casos que um motivo estava presente quando a perturbação foi produzida.

A deturpação de um nome corresponde a um insulto, se for proposital, e pode possuir esse significado numa longa série de casos em que ela se apresenta como um lapso de fala involuntário. A pessoa que certa vez disse *Freuder* em vez de *Freud*, segundo o relato de Mayer, porque havia citado pouco antes o nome de *Breuer* e mencionara numa outra ocasião um

59 Meringer, R. & Mayer, C. (1895). *Versprechen und Verlesen*. Stuttgart: Göschen, p. 12 [N.E.].

método *Freuer-Breud*iano[60] era certamente um colega de profissão que não tinha grande simpatia por esse método. Mais adiante irei apresentar na rubrica dos lapsos de escrita um caso de deformação de um nome que não poderia ser explicado de modo diferente.[61] Nesses casos uma crítica interfere como o elemento perturbador, o qual deve ser descartado porque não corresponde à intenção da pessoa que fala naquele instante preciso.[62] Em casos diferentes e bem mais relevantes é a autocrítica, a oposição interna da pessoa ao que ela própria diz, que impõe o lapso de fala ou mesmo a substituição do conteúdo pretendido pelo seu oposto. E aqui notamos com espanto como o conteúdo de uma homenagem anula a sua própria intenção, e como o equívoco da fala traz à tona a insinceridade interna.[63]

---

60 Meringer, R. & Mayer, C. (1895). *Versprechen und Verlesen*. Stuttgart: Göschen, pp. 38, 28.

61 A partir da edição de 1910, esta frase e a frase seguinte são separadas por parágrafos [N.T.].

62 Na edição de 1910 ocorrerá mais uma separação de parágrafos neste ponto [N.T.].

63 É por meio desse tipo de lapso de fala que Anzengruber, por exemplo, em *G'wissenswurm* [*O verme do rependimento*], estigmatiza o hipócrita caçador de heranças. ([N.E.]: Nessa comédia, Grillhofer, um rico fazendeiro viúvo há anos, fica deprimido depois de adoecer. O cunhado, Dusterer — cujo nome é uma forma dialetal de *düster*, "sombrio", e que poderíamos traduzir como "Tenébrio" —, tenta tirar proveito dos problemas dele, atribuindo explicações religiosas para a tal enfermidade: esta seria causada por um verme que corrói a consciência do fazendeiro, em razão do caso com uma empregada vinte anos antes. Dusterer convence Grillhofer, que não tem filhos, de que ele só pode escapar da condenação divina se abrir mão dos bens materiais e deixá-los para os pobres — e aí entra a família do cunhado, é claro. No texto, repleto de traços naturalistas, Ludwig Anzengruber (1839-1889) faz aparecer na boca do vilão termos desviantes, marcas linguísticas

O lapso de fala transforma-se aqui em um modo de expressão pela mímica.[64]

Avançamos assim rumo às perturbações que já não são mais descritas como lapsos de fala porque não comprometem uma única palavra, e sim o ritmo e a condução do conjunto da fala, por exemplo, a gagueira e o balbucio constrangido. Mas nesses dois casos a perturbação da fala nos denuncia um conflito interno. Não acredito que alguém possa realmente cometer um lapso em uma audiência perante Sua Majestade, numa declaração sincera de amor ou defendendo seu nome e honra perante um júri, ou seja, em todas as situações em que *se está por inteiro*, como dizemos de maneira muito sugestiva. Mesmo ao avaliar o estilo de um autor, é lícito e estamos habituados a transportar o princípio explicativo ao qual não podemos renunciar quando retraçamos os diversos lapsos de fala. Uma escrita clara e inequívoca nos informa que o autor está em acordo consigo mesmo; e onde encontramos uma expressão forçada e retorcida que fica com um olho no peixe e outro no gato, como se costuma dizer, podemos discernir a ação de um pensamento complicador que não foi suficientemente trabalhado ou a voz sufocada da autocrítica do autor.

---

que denunciariam ao espectador o verdadeiro caráter do tartufo. Cf. Anzengruber, L. (1874). *Der G'wissenswurm: Bauernkomödie mit Gesang in drei Akten* [O verme do rependimento: comédia camponesa com canto em três atos]. Wien: Künast. Cf. também: Scheichl, S. P. (2018). Vers le naturalisme. La comédie *Der G'wissenswurm* de Ludwig Anzengruber [Rumo ao naturalismo. A comédia *Der G'wissenswurm*, de Ludwig Anzengruber]. *Austriaca*, (86), pp. 25-37.)

64 A partir da edição de 1907, estes dois parágrafos não serão mais separados [N.T.].

## V. *Lapsos de leitura e lapsos de escrita*[65]

As mesmas perspectivas e observações relacionadas aos equívocos de fala aplicam-se igualmente aos equívocos de leitura e escrita, o que não surpreende por conta do parentesco entre essas funções. Limito-me aqui à comunicação de alguns exemplos cuidadosamente analisados, sem tentar abarcar o conjunto desses fenômenos.

### A) Lapsos de leitura

a) Em um café, passo os olhos por uma edição da *Leipziger Illustrierte* [*Ilustrada de Leipzig*],[66] que está um pouco inclinada à minha frente, e leio a legenda da imagem[67] que ocupa a extensão de uma página inteira: Uma festa de casamento em *Odisseia*. Ressabiado e surpreendido, ajeito a folha e então corrijo: Uma festa de casamento em *Odessa*. Como caí nesse equívoco de leitura absurdo?[68] Meus pensamentos logo se dirigem para o livro de Ruths, *Experimentaluntersuchungen über*

---

65 Este será o sexto capítulo, a partir da edição de 1907 [N.T.].

66 Trata-se da *Illustrirte Zeitung* [*Revista Ilustrada*], publicada em Leipzig de 1843 a 1944 [N.E.].

67 A gravura avistada por Freud, feita a partir de uma tela de Ludwig Dettmann (1865-1944), é apresentada — na vertical e ocupando uma página inteira — pelo referido periódico no contexto da Exposição de Arte Alemã realizada em 1899 na cidade de Dresden, em que a tela original estava exposta no Salão Berlim. Cf. (5 out. 1899). *Illustrirte Zeitung*, *113*(2936), p. 461 [N.E.].

68 No original: *Ostsee* [Mar Báltico] e *Odysee* [Odisseia] [N.T.].

*O casamento de um pescador no Mar Báltico*
[J. J. Weber, a partir de L. Dettmann, 1899]

*Musikphantome...* [*Estudos experimentais acerca das miragens musicais...*], que muito me ocupou nos últimos tempos porque toca em problemas psicológicos abordados por mim.[69] O autor anuncia uma obra com o título *Analyse und Grundgesetze der Traumphänomene* [Análise e leis fundamentais dos fenômenos oníricos].[70] Não surpreende que eu, que acabo de publicar uma *Interpretação dos sonhos*, aguarde esse livro com enorme expectativa. No início do trabalho de Ruths a respeito das miragens musicais, sou informado sobre a extensa comprovação indutiva, anunciada pelo sumário, de que as miragens produzidas pela sonolência e pela música, os fenômenos oníricos e os delírios

---

69 Trata-se do primeiro volume do livro intitulado *Investigações indutivas sobre as leis fundamentais dos fenômenos psíquicos*, em que Christoph Ruths (1851-1922) — como Freud, na recém-publicada *A interpretação dos sonhos* — articula sonho e memória, dizendo que "os fenômenos oníricos lúcidos, assim como as alucinações, também são apenas lembranças". Cf. Ruths, C. (1898). *Experimental-Untersuchungen über Musikphantome und ein daraus erschlossenes Grundgesetz der Entstehung, der Wiedergabe und der Aufnahme von Tonwerken* [Estudos experimentais acerca das miragens musicais e uma lei de base para a criação, reprodução e gravação de obras sonoras] (Inductive Untersuchungen über die Fundamentalgesetze der psychischen Phänomene, Vol. 1). Darmstadt: Schlapp, p. 7. Poetas como Jean Paul (1763-1825) já haviam procurado fundamentar a regra onírica na ideia de recordação, o que foi sacramentado por Friedrich Hebbel (1813-1863), segundo o qual "todos os sonhos quiçá sejam só lembranças". Cf. Rank, O. (1914). Sonho e poesia. In *Poesia e mito: os textos que Freud baniu de* A interpretação dos sonhos (N. Schäfer, trad.). Blucher: São Paulo, pp. 56-ss. [N.E.].

70 Ele é anunciado em nota e seria o segundo volume das referidas *Investigações indutivas...*, jamais publicado pelo autor. Cf. Ruths, C. (1898). *Experimental-Untersuchungen über Musikphantome und ein daraus erschlossenes Grundgesetz der Entstehung, der Wiedergabe und der Aufnahme von Tonwerken* (Inductive Untersuchungen über die Fundamentalgesetze der psychischen Phänomene, Vol. 1). Darmstadt: Schlapp, p. 7, nota 1 [N.E.].

representam a raiz principal das lendas e mitos da Grécia Antiga. Começo imediatamente a folhear o livro para descobrir se ele também sabe que a cena em que *Odisseu* aparece diante de Nausícaa[71] deriva do sonho muito comum de nudez. Um amigo me havia alertado para a bela passagem de *Henrique, o Verde* de G. Keller que explica esse episódio da Odisseia como uma objetivação dos sonhos do navegante que vaga distante da própria terra, e eu acrescentara a conexão com o sonho exibicionista de nudez.[72] No trabalho de Ruths não encontrei nada a respeito disso. Neste caso, fica evidente que eu me ocupo com a ideia de precedência.

b) O que me fez ler um dia desses no jornal:[73] *rolando* pela Europa, em vez de *rodando* pela Europa?[74] A solução me trouxe dificuldades durante muito tempo. Só poderia tratar-se do barril de Diógenes, e recentemente eu havia lido em uma história da arte alguma coisa a respeito da arte na época de Alexandre. Fazia sentido então pensar na famosa declaração

---

71 *Odisseia* 6. Homero (~séc. 8 a.C./2011). *Odisseia* (T. Vieira, trad.). São Paulo. Editora 34, pp. 175-193 [N.E.].

72 Freud. S. (1900). *Die Traumdeutung.* Leipzig/Wien: Deuticke, p. 170 ([N.E.]: Em português brasileiro: Freud, S. (1900/2019). *A interpretação dos sonhos* (P. C. de Souza, trad.). São Paulo: Companhia das Letras, p. 290.)

73 É possível que se trate de uma das edições da *Wiener Allgemeine Zeitung* [*Jornal Geral de Viena*]. Ali publicou-se um telegrama, recebido de Budapeste no dia anterior, falando da chegada de dois jornalistas que, partindo de Hamburgo, pretendiam ir a pé até o Oriente. Cf. (29 mai. 1985). Zu Fuß durch Europa. *Wiener Allgemeine Zeitung*, (5170), p. 5 [N.E.].

74 Neste caso, a manchete original “Zu Fuß durch Europa” [A pé pela Europa] foi lida como “Im Faß durch Europa” [De barril pela Europa] [N.T.].

de Alexandre: se eu não fosse Alexandre, gostaria de ser Diógenes. E também me veio à cabeça um tal *Hermano Gazeta*, que se enfiou dentro de um caixote e saiu viajando.[75] Mas a conexão nunca ia além disso, e eu não conseguia abrir outra vez a página da história da arte na qual havia visto aquela observação. Lembro do comentário em um artigo de jornal sobre os tipos mais inusitados de *condução* que as pessoas escolhem para ir à Exposição Universal de Paris, e também era ali, acredito, que se dizia em tom de brincadeira que um certo senhor pretendia entrar em um barril que um outro senhor iria rolar até Paris.[76] Essas pessoas naturalmente só querem chamar a atenção com esses disparates. *Hermano Gazeta* era, na verdade, o nome do homem que ofereceu o primeiro exemplo dessas conduções

---

75 As façanhas do sr. Gazeta — o curioso sobrenome (*Zeitung*, "jornal" em alemão) vai se mostrar relevante para Freud — foram noticiadas também no Brasil: "Hermann Zeitung é o nome de um pândego de que há tempos se falou por ter feito uma viagem de Viena a Paris dentro de uma caixa". Cf. (27 mar. 1891). *Gazeta de Sergipe*, *2*(632), p. 2 [N.E.].

76 Em razão da Exposição Universal de 1889, que aconteceu em Paris de 6 de maio a 31 de outubro daquele ano, milhões de pessoas se deslocaram até a capital francesa — onde a Torre Eiffel havia sido construída especialmente para servir como entrada do evento. Em meio à movimentação da mídia, o jornal francês *Figaro* publica ilustrações do famoso quadrinista e caricaturista Caran d'Ache em que são apresentadas formas inusitadas de chegar até o local. A notícia repercute na imprensa austríaca, de modo que o *Illustrirtes Wiener Extrablatt* [*Folha Extra Vienense Ilustrada*] publica um texto a respeito, acompanhado de um desenho de dois homens ao lado de um barril. Nessa matéria, porém, não é dito que um deles ficava dentro do objeto enquanto era empurrado pelo outro, mas que ambos saíram de Viena rolando o barril de cerveja, que pesava 250 kg, em direção à cidade de Paris. Cf. (16 jun. 1900). Mit dem rollenden Faß nach Paris [Rolando o barril rumo a Paris]. *Illustrirtes Wiener Extrablatt*, *29*(163), p. 7 [N.E.].

*A viagem para Paris como mercadoria expressa*
[Das interessante Blatt, 1890]

*Rolando o barril rumo a Paris* [Illustrirtes Wiener Extrablatt, 1900]

pouco comuns. Foi quando me lembrei de que certa vez eu havia tratado um paciente cujo medo doentio dos jornais revelou ser a reação contra a *ambição* doentia de aparecer na imprensa e ser citado pelos jornais como uma pessoa célebre. Alexandre da Macedônia foi certamente um dos homens mais ambiciosos que já existiram. Queixava-se de que não encontraria um Homero que cantasse os seus feitos. Mas como é possível *que eu não tivesse pensado* em outro *Alexandre* muito mais próximo de mim; que "Alexandre" é o nome do meu irmão mais novo! Descobri na mesma hora qual era a ideia ofensiva que precisava ser recalcada a respeito desse Alexandre, e o que a havia provocado recentemente. Meu irmão é perito em questões referentes a tarifas e *transporte*, e em um certo momento poderia receber a mais alta titulação de professor por sua atividade docente em uma escola superior de comércio. Fui indicado para a *condução* a esse mesmo cargo na universidade há vários anos, sem chegar a obtê-la. Nossa mãe ficou admirada pelo fato de que o filho mais novo poderia obter a titulação antes do mais velho. Essa era a situação na época em que eu não consegui encontrar a solução para aquele erro de leitura. Depois apareceram problemas para o meu irmão também; suas chances de ser nomeado passaram a ser menores que as minhas. Foi quando o sentido daquele lapso de fala ficou claro para mim; era como se a redução das chances do irmão vencesse um impedimento. Eu havia me comportado como se lesse no jornal a nomeação do irmão e dissesse: "Vejam só, as pessoas aparecem no jornal (i.e., são nomeadas para o cargo de professor) a troco de qualquer besteira (como a profissão que ele exerce)!" Em seguida, localizei sem esforço a passagem a respeito da arte helenística no período de Alexandre, e para minha surpresa convenci-me de que nas consultas anteriores eu havia lido várias vezes a mesma página sem perceber aquela frase, como se uma alucinação negativa me houvesse dominado. Ali não havia nada que me explicasse o que poderia merecer o esquecimento. Quero dizer que esse sintoma de não encontrar alguma coisa no livro foi produzido para me despistar. Eu deveria continuar procurando a ligação entre os pensamentos ali onde um obstáculo à minha investigação havia sido colocado, ou seja, numa certa ideia relacionada ao Alexandre da Macedônia, afastando-a de modo seguro do irmão homônimo. E isso funcionou com perfeição: dediquei todos os meus esforços a reencontrar a passagem perdida na história da arte.

O duplo sentido da palavra "condução" é, nesse caso, a ponte para a associação entre dois circuitos de pensamentos:[77] o sem importância, que é instigado pela notícia de jornal, e o outro — mais interessante, porém ofensivo —, que se faz valer como perturbação daquilo que seria lido. Esse exemplo comprova que a explicação desses equívocos de leitura nem sempre é simples. Somos obrigados algumas vezes a adiar a solução do enigma para um período mais favorável. Porém, quanto mais difícil for o trabalho de resolução, mais seguramente podemos esperar que o nosso pensar consciente julgue estranho e adverso o pensamento perturbador que é revelado no final.

---

77 A partir da edição de 1907, a expressão "circuitos de pensamentos" é substituída pela palavra "complexo" [N.T.].

c) Certo dia recebo uma carta das imediações de Viena que traz uma notícia impactante. Chamo imediatamente a minha esposa para que ela tome conhecimento de que *a* pobre Wilhelm M. estava gravemente enferma e havia sido desenganada pelos médicos. Mas alguma coisa não parecia soar bem nas palavras que acompanhavam o meu pesar, pois minha esposa ficou desconfiada, pediu para ver a carta e se declarou convencida de que aquilo não era possível porque nenhuma pessoa chamaria uma mulher pelo prenome do marido, e além de tudo a remetente sabia muito bem o prenome da mulher. Eu insisto na defesa da minha afirmação e menciono os cartões de visita muito comuns nos quais uma mulher apresenta a si própria com o prenome do marido. Tenho que mostrar a carta, ao final, e de fato lemos ali: "o pobre W. M." — ou, na verdade, o que me passou completamente despercebido: "o pobre *Dr.* W. M.". Minha desatenção representava uma tentativa turbulenta, diríamos, de lançar sobre a esposa a triste notícia a respeito do marido. O título inserido entre artigo, adjetivo e nome ajustava-se muito mal à pretensão de que aquilo dissesse respeito à mulher. Mas o motivo dessa falsificação não era minha pouca simpatia pela esposa em comparação com o marido, e sim as minhas preocupações em relação a uma outra pessoa próxima que compartilha com esse caso um sintoma do qual fui informado, e que foram despertadas por conta do destino do pobre homem.

## B. Lapsos de escrita

a) Numa folha que registra anotações breves do cotidiano, relacionadas principalmente a assuntos financeiros, encontro para a minha surpresa a data equivocada "Quinta-feira, 20 de outubro" em meio a datas corretas do mês de setembro. Não é difícil explicar essa antecipação, que na verdade expressa um desejo. Voltei animado de uma viagem de férias há poucos dias e me sinto pronto para uma intensa atividade médica, mas o número de pacientes ainda é pequeno. Na minha chegada, encontro uma carta de uma paciente que anuncia o seu retorno para o dia 20 de *outubro*. Ao anotar esse mesmo dia em setembro, talvez eu estivesse pensando: "X. já devia estar por aqui: que pena perder um mês inteiro!" e, por conta desse pensamento, adianto a data. Neste caso, seria difícil afirmar que o pensamento perturbador é ofensivo, pois encontrei a solução do equívoco de escrita assim que o percebi pela primeira vez.

b) Recebo as provas da minha contribuição para o *Jahresbericht für Neurologie und Psychiatrie* [*Relatório Anual de Neurologia e Psiquiatria*][78] e evidentemente preciso revisar com muito cuidado os nomes dos autores, que, devido às várias nacionalidades, costumam criar sérios problemas para o tipógrafo. E realmente faltava a correção de alguns nomes que pareciam estrangeiros,

78 Trata-se do *Relatório Anual Sobre Realizações e Progresso no Campo da Neurologia e Psiquiatria* referente às atividades de 1899 e publicado no ano seguinte. Autor de uma monografia a respeito publicada em 1897 (cf. abaixo, p. 122, nota 110), Freud se interessava pelo tema das paralisias cerebrais em crianças, ficando ali responsável por apresentar um levantamento do então atual estado da arte nesse campo de pesquisa. É no referido contexto que é citado o trabalho de Georg Burckhard (1872-1955), médico assistente na Clínica de Mulheres de Würzburg (Alemanha). Cf. Freud, S. (1899). Cerebrale Kinderlähmung [Paralisia cerebral infantil]. *Jahresbericht über die Leistungen und Fortschritte auf dem Gebiete der Neurologie und Psychiatrie, 3*, 1900, p. 616 [N.E.].

mas havia um nome que o tipógrafo modificou *contrariando* o texto do manuscrito, e com toda a razão. Pois eu escrevera *Buckrhard* e o tipógrafo inferiu *Burckhard*. Eu havia elogiado o estudo de um obstetra a respeito da influência do nascimento sobre o surgimento das paralisias infantis, o qual me parecia proveitoso, e não teria nada a dizer contra esse autor, mas ele possui o mesmo sobrenome de um escritor de Viena que me desagradou por sua desatenta crítica da minha *Interpretação dos sonhos*.[79] É como se eu estivesse pensando alguma coisa desagradável a respeito do outro B. enquanto escrevia o sobrenome *Burckhard*, que designava o obstetra, pois deturpar um nome muitas vezes significa insultá-lo, como mencionei antes a propósito dos lapsos de fala.[80]

c) Um lapso de fala aparentemente mais sério que eu certamente poderia incluir entre os "descuidos": pretendo retirar a soma de 300 coroas de uma instituição de crédito e destiná-la ao tratamento de um parente que está distante. Reparo então que tenho 4.380 coroas na minha conta e decido reduzi-la para o valor arredondado de 4.000, que deverá ficar intacto por um período. Depois de preencher devidamente o cheque com a cifra, o valor por extenso e destacar a folha,

---

79 Cf. Burckhard, M. (6 e 13. jan. 1900). Ein modernes Traumbuch. *Die Zeit*, *22*(275), pp. 9-11; (276), pp. 25-27 [N.E.].

80 Observe-se, por exemplo, esta passagem de *Júlio César* (Ato III, Cena 3): "CINNA: De verdade, meu nome é Cinna/ PRIMEIRO PLEBEU: Façam-no em pedaços, ele é um dos conspiradores./[...]/ CINNA: Eu sou Cinna, o poeta. Não sou Cinna, o conspirador/ QUARTO PLEBEU: Não tem problema, o nome dele é Cinna. Arranquem apenas o nome dele de seu coração e levem-no daqui." ([N.T.]: Shakespeare, W. (1599/2003). *Júlio César* (B. Viégas-Faria, trad.). Porto Alegre: L&PM, p. 498.)

subitamente percebo que na verdade não remeti 380 coroas como pretendia, mas 438, e fico espantado com a desatenção do meu gesto. Logo percebo que não existia motivo para o espanto: eu não estava mais pobre que antes. Mesmo assim ainda preciso de algum tempo para pensar em qual seria a influência que perturbou minha intenção inicial sem se apresentar à minha consciência. Começo por trilhas erradas querendo subtrair os números 380 e 438 um do outro, mas depois não sei o que fazer com a diferença. Uma ideia repentina me mostra finalmente a conexão verdadeira. 438 corresponde a *10%* de 4.380, o valor total da conta! Quem oferece 10% de desconto é o *livreiro*! Recordo-me de que poucos dias antes havia separado uma quantidade de obras médicas que não me interessavam mais para oferecê-las ao livreiro por exatas 300 coroas. Ele achou o preço muito alto e garantiu que daria uma resposta definitiva nos dias seguintes. Caso aceite minha oferta, ele terá compensado o valor da despesa que tive com a pessoa que adoeceu. É impossível negar que essa despesa me desagradou. O afeto que acompanha o meu erro pode ser compreendido melhor como o medo de tornar-me pobre em razão dessas despesas. Mas tanto o arrependimento pela despesa como o medo de tornar-me pobre surgido com ela são completamente estranhos à minha consciência; não vi sinais desse arrependimento quando concordei com aquele valor e teria considerado risível essa motivação. Provavelmente sequer reconheceria esse sentimento se não conhecesse bem os conteúdos recalcados da vida anímica por meio das psicanálises de pacientes, e se alguns dias antes eu não tivesse tido um sonho que demandava a mesma solução.[81]

Wundt oferece uma explicação interessante para um fato que pode ser constatado sem dificuldade, a saber, que nós cometemos lapsos de escrita mais facilmente que lapsos de fala:

> No curso da fala normal, a função inibidora da vontade visa conciliar entre si a sucessão das representações e os movimentos de articulação. Se o movimento expressivo que sucede as representações for desacelerado por causas mecânicas, como durante a escrita [...] então tais antecipações ocorrem com grande facilidade.[82]

A observação das circunstâncias nas quais ocorre o lapso de leitura abre espaço para uma dúvida que não gostaria de omitir, pois avalio que mais adiante poderá ser o ponto de partida para uma investigação proveitosa. Todos sabemos que uma pessoa que está *lendo em voz alta* muitas vezes deixa de prestar atenção no texto e se volta para os próprios pensamentos. O resultado mais comum desse desvio da atenção é que a pessoa não consegue mais identificar o que estava lendo, caso alguém interrompa a sua leitura e faça alguma pergunta. Ou seja, ela lia de uma maneira quase automática, mas lia de maneira correta em praticamente todos os casos. Não acredito

81 Trata-se do sonho que adotei como paradigma em um breve tratado, "Sobre o sonho", n. VIII das *Questões relacionadas à vida nervosa e à vida anímica* (*Grenzfragen des Nerven- und Seelenlebens*), publicado por Löwenfeld e Kurella em 1901.

82 Wundt, W. (1900). *Völkerpsychologie: Die Sprache* (Vol. 1, Parte 1). Leipzig: Engelmann, p. 374.

que nessas circunstâncias os equívocos de leitura sejam de fato maiores. Geralmente presumimos que uma série de funções também é executada de maneira automática e, portanto, quase sem atenção consciente, mas com extrema precisão. E disso aparentemente se segue que as circunstâncias relacionadas à atenção nos equívocos de fala, leitura e escrita demandariam uma explicação diferente daquela enunciada por Wundt (interrupção ou afrouxamento da atenção). Os exemplos que submetemos à análise não nos autorizam, de fato, a presumir um rebaixamento quantitativo da atenção: nós encontramos, o que talvez não seja exatamente a mesma coisa, uma *perturbação* da atenção por um pensamento alheio que também a reivindica para si.

**(a concluir)**

## *Segunda parte | agosto de 1901*

**(conclusão)**

## *VI. O esquecimento de impressões e propósitos*[83]

Se alguém estiver inclinado a superestimar o estado atual dos nossos conhecimentos sobre a vida anímica, basta uma referência à função da memória para forçá-lo à modéstia; na verdade, o

83 Este será o sétimo capítulo, a partir da edição de 1907 [N.T.].

completo desmembramento de tudo o que somos efetivamente capazes de observar mal começou a ser feito. O esquecimento talvez nos seja hoje mais enigmático que a recordação, depois que o estudo dos sonhos e das ocorrências patológicas nos ensinou que as coisas que julgávamos esquecidas há muito tempo podem reaparecer subitamente na consciência.

Mesmo assim, esperamos que algumas das nossas posições recebam amplo reconhecimento. Fazemos a suposição de que o esquecimento é um evento espontâneo para o qual se pode atribuir um intervalo determinado no tempo. Enfatizamos que no esquecimento ocorre uma certa seleção entre as impressões disponíveis e também entre os traços particulares de uma determinada impressão ou experiência. Nós conhecemos algumas das condições para que a memória venha a preservar ou evocar algo que acabaria, em diversos casos, sendo esquecido. Mas existem incontáveis circunstâncias da vida cotidiana nas quais percebemos o quanto os nossos conhecimentos são incompletos e insatisfatórios. Prestemos atenção à maneira como duas pessoas que experimentaram juntas as mesmas impressões exteriores em uma viagem, por exemplo, comunicam suas lembranças depois de um certo tempo. Muitas vezes aquilo que ficou bem gravado na memória de uma delas foi esquecido pela outra, como se não tivesse ocorrido, sem que se possa argumentar que aquela impressão era mais importante para uma do que para a outra. Uma enorme quantidade de fatores que são determinantes para a memória escapa de maneira flagrante ao nosso conhecimento.

Com a intenção de oferecer uma pequena contribuição ao conhecimento das condições do esquecimento, tenho o costume de submeter à análise psicológica os esquecimentos que sucedem comigo. Ocupo-me geralmente de um grupo determinado entre esses casos, mais precisamente daqueles nos quais o esquecimento me causa surpresa por tratar-se de alguma coisa que eu deveria saber. Quero acrescentar que não tenho inclinação para esquecer (as coisas que vivi, não as que aprendi!) e que por um breve período da juventude o extraordinário desempenho da memória não era algo estranho para mim. Nos meus anos escolares, recitar a página inteira de um livro que havia lido era coisa natural, e antes de ingressar na universidade eu era capaz de transcrever quase literalmente uma palestra científica logo após o encerramento. Na expectativa que antecedia aos últimos exames do curso de medicina, provavelmente utilizei o que me restava dessa capacidade, pois em alguns tópicos oferecia aos examinadores respostas quase automáticas que coincidiam fielmente com as respostas do manual sobre as quais havia somente passado os olhos.

Com o tempo, meu acesso ao que tenho guardado na memória ficou cada vez mais limitado, mas até muito recentemente sempre tive a certeza de que posso recordar muito mais coisas do que me julgo capaz recorrendo a um artifício. Por exemplo: se durante a sessão um paciente menciona que já nos havíamos visto e eu não recordo se isso de fato aconteceu, ou em que época, tento então adivinhar, ou melhor, penso muito rapidamente em um número de anos contados a partir do presente. Nos casos em que anotações ou informações seguras do paciente possam confirmar o que eu havia pensado, elas indicam que só raramente eu erro por mais de seis meses em um intervalo de dez anos.[84] O mesmo se passa quando encontro um conhecido distante a quem pergunto, por polidez, a respeito dos filhos. Quando sou informado dos seus progressos, tento pensar quantos anos a criança teria hoje, faço uma comparação com as informações do pai e me equivoco somente por um mês, ou por três meses no caso de crianças maiores, mesmo sem saber o que sustentava o meu cálculo. Minha confiança tornou-se tão grande que passei a revelar espontaneamente o meu cálculo sem correr jamais o risco de magoar o pai pela minha ignorância a respeito do rebento. E assim amplio minha recordação consciente evocando minha memória inconsciente que, como já foi dito, é muito mais abrangente.

Vou apresentar, portanto, exemplos de esquecimento *flagrantes* que observei em mim mesmo. Estabeleço uma distinção entre o esquecimento de impressões e experiências — ou seja, das coisas que sabemos — e o esquecimento de propósitos, as omissões. Posso antecipar aqui o resultado geral dessa série de observações: *todos estes casos comprovam que o esquecimento era fundamentado por algum tipo de desprazer.*

## A) O esquecimento de impressões e coisas conhecidas

a) Um incidente provocado no verão pela minha esposa me deixou bastante contrariado. Estávamos sentados em uma sala de refeições em frente a um senhor vienense que eu conhecia e que certamente se lembrava de mim. No entanto, tinha lá as

84 Geralmente, no decorrer da conversa, os detalhes da primeira visita costumam emergir para a consciência.

minhas razões para não reatar contato. Minha esposa, que só havia escutado o nome ilustre do homem à frente dela, deixou transparecer que acompanhava a conversa dele com o vizinho, pois voltava-se para mim a toda hora com perguntas que esticavam o fio daquela conversação. Fiquei impaciente e depois irritado. Algumas semanas depois queixei-me da atitude da esposa para uma parente. Mas não conseguia mais lembrar nenhuma palavra da conversa daquele senhor. Como sou inclinado a guardar minhas mágoas e não esqueço um só detalhe de um incidente que me contrariou, minha amnésia certamente era motivada pela consideração por minha esposa. Recentemente isso voltou a acontecer comigo. Queria fazer graça com uma pessoa muito próxima por conta de algo que minha esposa havia dito poucas horas antes, mas me vi impedido pelo fato bastante curioso de que eu havia esquecido completamente o que ela dissera. Tive que pedir a ajuda da minha esposa para me lembrar. É fácil notar que o meu esquecimento pertence às típicas perturbações do juízo que sempre enfrentamos nas questões envolvendo um parente próximo.[85]

b) Assumi a tarefa de providenciar para uma senhora estrangeira que chegaria a Viena um cofre portátil onde ela pudesse guardar seus documentos e fundos. No momento em que ofereci o favor, surgiu-me a imagem extraordinariamente vívida de um mostruário na região central da cidade, no qual devia ter visto cofres desse tipo. Eu não era capaz de lembrar o nome da rua, mas confiava que encontraria a loja caminhando

---

85 A partir da edição de 1904: no lugar de "o meu esquecimento pertence" consta "o meu esquecimento deve ser compreendido em termos análogos" [N.T.].

pela cidade, pois a lembrança me dizia que eu já havia passado em frente infinitas vezes. Para o meu desgosto, não reencontrei o mostruário dos cofres, por mais que percorresse o centro da cidade em todas as direções. Agora só me restava, pensei, consultar os nomes dos fabricantes de cofres em um guia comercial e depois fazer uma nova ronda para localizar o mostruário que procurava. Não houve sequer essa necessidade: um dos endereços anunciados pelo guia revelou-se no mesmo instante para mim como aquele que havia esquecido. Eu havia de fato passado incontáveis vezes diante daquela vitrine — mais precisamente em todas as vezes que fui visitar a família M., que reside há vários anos na mesma casa. Depois que essa relação íntima deu lugar a um absoluto estranhamento, passei a evitar o edifício, assim como a vizinhança, sem me perguntar pelo motivo. Enquanto caminhava pela cidade à procura daquela vitrine, cruzei todas as ruas do entorno, mas me desviei justamente daquela, como se vigorasse alguma proibição. Neste caso, o desprazer que havia motivado a minha desorientação era palpável. Mas aqui o mecanismo do esquecimento já não é tão simples como no exemplo anterior. Minha aversão evidentemente não é dirigida ao fabricante do cofre, e sim a uma outra pessoa da qual não quero saber, e dela se transfere para a circunstância em que a aversão produz o esquecimento. De maneira muito semelhante, no caso *Burckhard*, o ressentimento com uma pessoa produziu o erro na grafia do nome quando se tratava de uma pessoa diferente. A conexão entre dois circuitos de ideias radicalmente diferentes, que é produzida nesse caso pela semelhança do nome, foi substituída no exemplo da vitrine pela contiguidade no espaço, pela vizinhança que não pode ser desmembrada. Este último caso era, além de tudo, mais consistente; havia uma segunda conexão relacionada ao conteúdo, pois o dinheiro desempenhou um importante papel[86] para o estranhamento com a família que residia naquela casa.

c) O escritório B & R pediu-me que fizesse uma visita médica a um de seus funcionários. No caminho para a residência dele, ocupou-me a ideia de que eu já devia ter visitado muitas vezes o edifício onde está localizada a firma. Para mim, era como se a sua placa me tivesse saltado à vista de um andar baixo enquanto eu fazia uma visita médica em um andar mais alto. Embora essa situação seja trivial e indiferente, ocupo-me dela e descubro, pelo caminho que sempre faço, à medida que vou reunindo as ideias que me ocorrem, que no andar acima da firma B & R está a pensão *Fischer*, onde havia visitado pacientes com frequência. E agora já sei qual edifício abriga o escritório e a pensão. O motivo em jogo nesse esquecimento permanece um mistério para mim. Não encontro nada que pudesse afrontar a memória, seja na firma, seja na pensão Fischer ou nos pacientes que ali residiam. E presumo que não se deve tratar de alguma coisa penosa; do contrário, fazendo esse contorno, eu dificilmente resgataria o que foi esquecido por esse atalho, sem apelar a um recurso externo como no exemplo anterior. E então me ocorre que pouco antes disso, no trajeto que me levava ao novo paciente, um senhor que custei a reconhecer havia acenado na rua em minha direção. Meses atrás eu examinara esse homem, cujo quadro parecia ser grave, e lancei sobre ele o diagnóstico de paralisia progressiva, mas vim depois a saber

86 A partir da edição de 1910: "um papel" [N.T.].

que ele havia se restabelecido, o que tornaria incorreto o meu julgamento. E se fosse apenas uma remissão, que também ocorre nos casos de *dementia paralytica*,[87] e que desse razão para o meu diagnóstico? Foi esse encontro que deu origem à influência que me fez esquecer do vizinho do escritório B & R, e o meu interesse pela resolução desse esquecimento havia sido transferido desse diagnóstico controverso. A semelhança de um nome havia garantido a ligação associativa, embora a conexão interna fosse frágil — pois o homem que tivera uma inesperada recuperação era também empregado de uma grande firma que costumava me encaminhar pacientes. O médico que me acompanhava quando eu havia examinado o homem com uma suposta paralisia também se chamava *Fischer*, a exemplo da pensão naquele edifício que havia sido alvo do esquecimento.

d) *Extraviar* uma coisa não significa nada mais do que esquecer onde se a deixou, e, a exemplo de quase todas as pessoas cercadas por livros e papéis, sei onde estão as coisas na minha escrivaninha e minhas mãos alcançam o que procuro com um único gesto. Onde outros percebem a desordem, eu encontro uma ordem que se organizou na história. Mas por que acabei colocando um catálogo de livros que me enviaram recentemente em algum lugar impossível de encontrar? Pretendo de fato encomendar um dos livros ali anunciados, *Über*

87 Do latim, "demência paralítica". Inicialmente descrita em 1822 por Antoine Bayle (1799-1858), a paralisia geral progressiva resulta de meningoencefalite crônica que provoca destruição do parênquima cortical. Um tipo de neurossífilis, sua relação com o treponema foi reconhecida pela comunidade médica em 1883, graças aos trabalhos de Jean Fournier (1832-1914). Também chamada de "paresia geral dos alienados", era responsável por cerca de 10% das internações em hospitais psiquiátricos até o século XX [N.E.].

*die Sprache* [*Sobre a linguagem*], que pertence a um autor que aprecio por seu estilo vivo e espirituoso e por suas percepções acerca da psicologia, e que desperta a minha admiração por seu conhecimento a respeito da história da civilização.[88] Na verdade estou querendo dizer que foi justamente por esse motivo que coloquei o catálogo em um outro lugar. Tenho o hábito de emprestar livros desse autor para instruir os amigos, e há poucos dias um deles me disse, ao devolver um volume: "o estilo me lembra muito o seu, e o modo de pensar é o mesmo". Essa pessoa não sabia o que essa observação despertava em mim. Anos atrás, quando eu era mais jovem e mais dependente de contatos, um colega mais velho para quem eu havia elogiado um conhecido autor da medicina me dissera praticamente a mesma coisa: "Ele tem o seu estilo e a sua maneira". Essa influência me levou a escrever para esse autor uma carta em que solicitava um contato mais próximo, mas uma resposta fria colocou-me no meu devido lugar. É bem possível que outras experiências terríveis se escondam por trás desta última, pois não localizei o catálogo que tirei do lugar, e esse presságio acabou me impedindo concretamente de encomendar o livro, embora o sumiço do catálogo não representasse um impedimento real. Os nomes do livro e do autor ficaram guardados na minha memória.[89]

---

88 O autor desta obra permanece sem uma identificação desde a edição original do trabalho [N.E.].

89 Eu gostaria de propor essa mesma explicação para diversos incidentes que Theodor Vischer atribui à "malícia do objeto". ([N.E.]: Vischer, T. (1879). *Auch Einer: eine Reisebekanntschaft* [Aquele Beltrano: um conhecido de viagem]. Berlin: Martin Maschler.)

e) No verão deste ano declarei para o meu amigo Fl., com quem mantenho um intenso diálogo a respeito de questões científicas:[90] "Só será possível solucionar esses problemas relacionados à neurose se aceitarmos sem restrições uma bissexualidade[91] originária do indivíduo". Recebi esta resposta: "Foi o que eu lhe disse há dois anos e meio na Breslávia, naquela noite em que saímos para caminhar. Você não queria nem mesmo saber do assunto".[92] É penoso sentir-se obrigado a renunciar à própria originalidade. Eu não era capaz de recordar a conversa e a declaração do meu amigo. Um dos dois estava necessariamente enganado; partindo do princípio apresentado pela pergunta *cui prodest?*,[93] deveria ser eu. E no correr das semanas seguintes realmente me lembrei de tudo, tal como o

---

90 A partir da edição de 1907: "No verão do ano de 1901, declarei certa vez a um amigo, com quem à época mantinha um intenso diálogo a respeito de questões cientificas" [N.T.].

91 A bissexualidade humana, em sua específica acepção biológica — enquanto presença de características de ambos os sexos num mesmo ser —, foi apresentada a Freud por Wilhelm Fliess (1858-1928): "É claro que você tem razão quanto a ela", escreve Freud em 1º de agosto de 1899. "Estou-me acostumando a encarar cada ato sexual como um processo em que há quatro indivíduos envolvidos". Masson, J. M. (org.). (1986). *A correspondência completa de Sigmund Freud para Wilhelm Fliess* (V. Ribeiro, trad.). Rio de Janeiro: Imago, p. 365 [N.E.].

92 Freud havia viajado à Breslávia (Polônia) para se encontrar com Fliess em 25 de dezembro de 1897. Quatro dias depois, escreveu ao amigo dizendo estar "de volta a casa e outra vez preso aos arreios", mas "ainda saboreando o delicioso gosto" daqueles dias. Quanto à bissexualidade-bilateralidade, disse: ela "ressoa em meus ouvidos, mas ainda estou me sentindo bem demais para qualquer trabalho sério". Masson, J. M. (org.). (1986). *A correspondência completa de Sigmund Freud para Wilhelm Fliess* (V. Ribeiro, trad.). Rio de Janeiro: Imago, p. 291; trad. modificada [N.E.].

93 Do latim, "a quem beneficia?" [N.T.].

amigo queria que eu evocasse: sei até qual havia sido a resposta que ofereci naquele momento: "por enquanto não penso nisso, não quero seguir esse caminho". Mas, de lá para cá me tornei mais tolerante a cada vez que me deparo na literatura médica com alguma das poucas ideias que podem ser associadas ao meu nome sem encontrar uma referência a ele.[94]

Críticas à esposa – amizade que se transformou no oposto – erro no diagnóstico médico – rejeição por alguém que pertence à mesma área – ideias que foram tomadas de empréstimo: não é mera coincidência que a solução de tantos exemplos de esquecimento reunidos ao acaso possa exigir que se entre em temas tão delicados. Suponho, na verdade, que toda pessoa interessada em examinar os motivos de seus próprios esquecimentos acabará preenchendo uma tabela semelhante de contrariedades. Parece-me que a inclinação para esquecer coisas desagradáveis é algo generalizado; a capacidade para o esquecimento certamente possui graus diferentes para diferentes pessoas. Algumas demonstrações de *repúdio* que estão presentes na atividade médica provavelmente possuem ligação com o *esquecimento*. Mas a nossa compreensão acerca desses esquecimentos limita a diferença entre essas duas atitudes a relações que são puramente psicológicas, o que nos permite enxergar em ambas as reações a expressão de um único motivo. Entre os vários exemplos de recusa de lembranças desagradáveis que observei em parentes de pacientes, guardei na memória um que me pareceu muito

94 O imbróglio envolvendo questões de precedência autoral entre os amigos pode ser acompanhado na troca de cartas. Cf. especialmente: Masson, J. M. (org.). (1986). *A correspondência completa de Sigmund Freud para Wilhelm Fliess* (V. Ribeiro, trad.). Rio de Janeiro: Imago, pp. 447-469 [N.E.].

singular. Uma mãe informava-me a respeito da infância de um filho que adoecera dos nervos e já havia atingido a puberdade, e contou que ele, como os irmãos, teria sofrido de incontinência urinária por muitos anos, algo que não é indiferente para a história de um adoecimento neurótico. Semanas depois, quando ela pediu notícias do tratamento, encontrei a oportunidade para adverti-la dos sinais de uma disposição constitucional patológica no rapaz e mencionei a incontinência urinária que havia sido recuperada na anamnese. Para minha surpresa, ela contestou que aquilo tivesse acontecido com o rapaz ou com as outras crianças, perguntou-me como eu poderia saber uma coisa daquelas e, em seguida, ouviu de mim que ela própria tinha me contado algo que havia sido esquecido.[95]

---

95 Um caso quase inacreditável de esquecimento se passou comigo nos dias em que redigia estas páginas. Revisando o meu caderno de consultas de 1º de janeiro para emitir a cobrança dos meus honorários, deparo-me, em junho, com o nome M...l, sem conseguir me lembrar de pessoa alguma. Continuo folheando o caderno e minha estranheza aumenta quando observo que tratei aquele caso em um sanatório e realizei visitas diárias por algumas semanas. Um médico dificilmente esquece, em menos de seis meses, do paciente que acompanhou nessas circunstâncias. Eu me pergunto: teria sido um homem, um paralítico, um caso sem interesse? Uma anotação do pagamento dos honorários me traz de volta as coisas que eu já sabia e que tentavam escapar da recordação. M...l era uma menina de quatorze anos de idade, o caso mais notável dos meus últimos anos, que me trouxe uma lição que dificilmente irei esquecer e cujo desfecho me fez passar por momentos de muita dor. Aquela criança sofria nitidamente de uma histeria, da qual se recuperou de forma rápida e consistente sob as minhas mãos. Os pais afastaram-na de mim após essa recuperação; ela continuava a queixar-se de dores abdominais, cujo papel teria sido central na formação dos sintomas da histeria. Dois meses depois, faleceu de sarcoma na glândula adrenal. A histeria, para a qual a criança já estava igualmente predisposta, serviu-se da formação tumoral como causa provocadora, e eu, capturado pelas gritantes e mesmo assim inofensivas manifestações da histeria, talvez tivesse ignorado os primeiros sinais daquela furtiva e incurável doença.

Entre as pessoas saudáveis, aquelas que não são neuróticas, também encontramos numerosos indícios de que uma resistência se opõe à recordação de impressões penosas, à exposição de pensamentos penosos. Mas, para estimar de maneira completa o que isso significa, é necessário entrar antes em contato com a psicologia das pessoas neuróticas. Somos obrigados a reconhecer essa *tendência elementar para a defesa* contra ideias que possam evocar desprazer — uma tendência que só pode ser equiparada ao reflexo involuntário causado por um estímulo doloroso — como um dos pilares centrais do mecanismo que sustenta os sintomas histéricos. Contra a suposição dessa tendência à defesa não se deve alegar que com muita frequência nos falta, na verdade, a capacidade para isolar lembranças dolorosas que nos perseguem e para afastar sentimentos penosos como o arrependimento ou as autorrecriminações. Não afirmamos que essa tendência à defesa tenha a capacidade para impor-se em todos os casos; que, na interação das forças psíquicas, ela não se possa chocar com fatores que aspiram a outras finalidades e têm a capacidade para impor, a despeito dela, a tendência contrária. *A estratificação, a estrutura formada por instâncias sobrepostas umas às outras, revela-se como o princípio arquitetônico do aparelho anímico*, sendo perfeitamente possível que essa tendência à defesa pertença a uma instância psíquica inferior que, ao final, é inibida por instâncias superiores. Mas o fato de que possamos reconduzir a essa tendência os processos desse tipo oferece um testemunho favorável à sua existência e aos seus poderes. Vemos que certas coisas são esquecidas por conta própria; quando isso não é possível, a tendência à defesa desloca a sua meta e, ao menos, submete ao esquecimento alguma outra coisa que não possui a mesma importância e passou a manter alguma ligação associativa com aquilo que era de fato inconveniente.

A posição aqui apresentada, segundo a qual as lembranças penosas sucumbem com muita facilidade a um esquecimento que possui motivação, merece ser transportada para diversas áreas que até hoje lhe concederam pouca ou nenhuma atenção. Não me parece, por exemplo, que ela tenha sido devidamente assinalada a propósito do exame de depoimentos judiciais, nos quais evidentemente atribui-se ao juramento da testemunha uma influência excessivamente purificadora sobre a interação de suas forças psíquicas. É amplamente aceita a ideia de que o nascimento das tradições e lendas de um povo requer um exame sobre motivos dessa ordem, que buscassem eliminar da lembrança alguma coisa penosa para o sentimento nacional. Uma investigação mais rigorosa poderia estabelecer uma analogia integral entre a formação das tradições de um povo e a formação das lembranças infantis do indivíduo.

O esquecimento de impressões, tal como o esquecimento de nomes, pode igualmente dar lugar a falsas recordações que são designadas como ilusões da memória nos casos em que uma pessoa passa a acreditar nelas. As ilusões da memória em casos patológicos — elas representam efetivamente um fator constitutivo das formações delirantes — deram ensejo a uma vasta literatura na qual não encontro, em nenhuma parte, qualquer referência a uma motivação. Por pertencer à psicologia das neuroses, esse tema escapa ao contexto que abordamos. Como compensação, compartilho um exemplo pessoal e muito peculiar de ilusão da memória no qual reconheceremos com nitidez a motivação pelo material inconsciente recalcado e as formas e modos da ligação com esse material.

Eu desfrutava as férias de verão enquanto escrevia as seções finais do meu livro sobre a interpretação dos sonhos, sem acesso a obras de referência e bibliotecas, e era obrigado a inserir as citações e referências no manuscrito a partir da memória, sem descartar as correções que faria adiante. Na seção a respeito dos sonhos diurnos, lembrei-me da admirável figura do pobre guardador de livros de *Le Nabab* [*O nababo*], de Alphonse Daudet, na qual o escritor provavelmente retratava os seus próprios devaneios. Eu imaginava recordar claramente uma das fantasias urdidas por esse homem — eu lhe dera o nome de mr. Jocelyn — e passei a reproduzi-lo de memória: o sr. Jocelyn atira-se diante de um cavalo sem sela no meio da rua, consegue pará-lo, a porta de uma viatura se abre e desce uma personalidade ilustre que aperta a mão do sr. Jocelyn e lhe diz: "O senhor me salvou, devo-lhe a minha vida. O que posso fazer pelo senhor?"

No meu retorno, pensei, seria simples corrigir as imprecisões dessa fantasia quando tivesse o livro em mãos. Mas ao folhear o volume do *Nabab* para compará-lo com aquela passagem já impressa do manuscrito, para o meu constrangimento e surpresa não encontrei nenhum sinal do devaneio do sr. Jocelyn, e na verdade o nome do contador não era esse, e sim sr. *Joyeuse*.[96] Esse segundo equívoco logo ofereceu a senha que explicava o primeiro, a ilusão da memória. *Joyeux* (do qual

96 Cf. Freud, S. (1900/2019). *A interpretação dos sonhos* (P. C. de Souza, trad.). São Paulo: Companhia das Letras, p. 590 [N.E.].

o nome representa a forma feminina): era exatamente assim que deveria ser traduzido para o francês o meu próprio sobrenome, *Freud*. Mas de onde viria então a fantasia recordada com equívocos, a qual eu atribuía a Daudet? Ela só poderia ter sido produzida por mim mesmo, um sonho diurno que eu mesmo criei e do qual não havia tomado consciência, ou do qual tomei consciência e depois me esqueci completamente. Talvez eu mesmo o tivesse criado em Paris, onde costumava caminhar pelas ruas tomado por meus anseios, carente de um guia e mentor até que o mestre Charcot me acolhesse em seu círculo.[97] Na residência de Charcot, eu depois avistei diversas vezes o autor de *Le Nabab*. A única coisa[98] que me contraria nesse caso é que nenhuma outra esfera me desperta tanta antipatia como o relacionamento entre mentor e protegido. O que ela revela na nossa pátria estraga todo e qualquer prazer, e o meu caráter não possui nada em comum com a condição do protegido. Sempre tive uma forte inclinação para "fazer as coisas por minha própria conta". E logo eu teria que ser lembrado desse sonho diurno que, além de tudo, ilustra muito bem o quanto o impedimento de uma ligação com o próprio eu — que se impõe de modo avassalador na paranoia — perturba e embaralha a nossa compreensão objetiva das coisas.

---

97 Freud fez seu estágio em Paris com Jean-Martin Charcot (1825-1893) de outubro de 1885 a fevereiro de 1886. Cf. Ellenberger, H. (1970/2023). *A descoberta do inconsciente* (P. S. de Souza Jr., trad.). São Paulo: Perspectiva, pp. 440-441 [N.E.].

98 O trecho final desta seção (até as palavras "compreensão objetiva das coisas") foi suprimido pelo autor na última edição, de 1924 [N.T.].

## B) O esquecimento de propósitos

Nenhum outro grupo de fenômenos demonstra melhor a tese segundo a qual a desatenção é insuficiente para explicar os atos falhos do que o esquecimento de propósitos. Um propósito é um impulso que tem em vista uma ação e já possui consentimento, mas cuja execução foi adiada para um momento apropriado. Mas no intervalo que foi criado é possível que alguma mudança interfira sobre os motivos, fazendo com que o propósito não seja executado, e na sequência ele não é esquecido, mas sim reavaliado e suspenso. O esquecimento de propósitos, que se passa conosco todos os dias em todas as circunstâncias possíveis, não é algo que estejamos acostumados a explicar como uma nova ponderação dos motivos: na verdade, nós simplesmente deixamos de explicá-lo, ou então buscamos para ele alguma explicação psicológica quando supomos que, nos momentos próximos à sua execução, já não era mais possível aplicar a atenção que era necessária para praticar aquela ação e que representava uma condição indispensável para realizar o propósito, e que já havia, portanto, participado anteriormente daquela mesma ação. A observação do nosso comportamento normal em relação aos propósitos nos autoriza a rejeitar essa tentativa de explicação como arbitrária: se pela manhã eu penso em um propósito que será realizado ao final da tarde, posso ser advertido a respeito dele algumas vezes no correr do dia. Mas ele não precisa retornar à consciência enquanto o dia passa. Quando o momento da execução estiver próximo, ele subitamente me ocorre e me faz adotar as providências necessárias para realizar a ação que havia sido definida. Se levo numa caminhada uma carta que precisa ser remetida ainda hoje,[99] por ser um indivíduo normal, e não um doente nervoso, eu não preciso de modo algum segurá-la nas mãos por todo o trajeto, à espreita de uma caixa de correio onde a irei jogar: tenho, pelo contrário, o costume de guardá-la no bolso e seguir meu caminho com o pensamento livre, contando que uma próxima caixa de correio irá despertar minha atenção e me fará retirar a carta do bolso. O comportamento normal em relação a um propósito planejado coincide perfeitamente com a atitude produzida experimentalmente em pessoas submetidas ao chamado "sugestionamento hipnótico de longo prazo". O fenômeno é geralmente descrito deste modo: o propósito que foi sugerido adormece naquela pessoa até que o momento de o executar esteja próximo. E então ele desperta e conduz à ação.

Existem na vida dois tipos de situações em que o leigo também se convence de que o esquecimento ligado a propósitos jamais poderia reivindicar a condição de fenômeno elementar e irredutível, e que na verdade existem motivos inconfessos que o legitimam. Estou me referindo às relações amorosas e à hierarquia militar. Um enamorado que faltou a um encontro irá, sem êxito, desculpar-se para a sua dama e dirá que se esquecera completamente. Ela não perderá a oportunidade de lhe responder: "No ano passado não teria esquecido. Você não se importa mais comigo". Mesmo que recorresse à mencionada explicação psicológica e quisesse atribuir seu esquecimento ao trabalho acumulado, ele apenas faria com que a dama — agora tão perspicaz quanto o médico na psicanálise — lhe respondesse:

99 A partir da edição de 1904, as palavras "ainda hoje" foram suprimidas [N.T.].

"Que estranho, esses contratempos no trabalho não aconteciam antes". A dama certamente não quer contestar a possibilidade do esquecimento; ela apenas pensa, e não está incorreta, que o esquecimento involuntário e o pretexto consciente permitem inferir, de modo muito parecido, um certo desinteresse.

O serviço militar ignora por princípio a distinção entre a omissão por esquecimento e a omissão intencional, e com razão. Ao soldado não é *permitido* esquecer as exigências do serviço militar. Se ainda assim esquece, mesmo sabendo o que se exige dele, tudo se passa como se aos motivos que o levam a cumprir as exigências militares se opusessem motivos contrários. Por exemplo, o recruta que tente explicar, durante uma vistoria, que esqueceu de polir seus botões certamente receberá uma punição. Mas ela representa muito pouco se comparada à punição que enfrentaria caso admitisse o motivo de sua omissão para os seus superiores: "Eu não suporto essas tarefas inúteis do serviço militar". Para escapar dessa punição — por razões de ordem econômica, diríamos — ele usa o esquecimento como pretexto, ou o esquecimento surge como um compromisso.

Tanto o serviço à dama[100] quanto o serviço militar demandam que todas as coisas a eles relacionadas fiquem afastadas do esquecimento, e por isso despertam a impressão de que esquecer

---

100 Ao lado do serviço a Deus e do serviço a um senhor, o serviço à dama (*Frauendienst*) — isto é, *o amor cortês*, sentimento nobremente espiritualizado e sublimado por uma mulher — era um dos ideais norteadores da cultura medieval. O homem servia a uma única dama, geralmente casada, que não lhe rendia satisfações sexuais; e ela, quando muito, entregava-lhe como recompensa uma saudação, um lenço amarrado à sua lança na despedida, ou quem sabe uma coroa de flores na vitória em um torneio, por exemplo. Cf. Wenzel, H. (1974). *Frauendienst und Gottesdienst:*

coisas sem importância seria aceitável, enquanto esquecer coisas importantes seria um sinal de que se as prefere tratar como se importantes não fossem, ou seja, contestando a sua importância. A perspectiva da valoração psíquica realmente não pode ser rejeitada nesse caso. Nenhuma pessoa esquece de executar uma ação que lhe pareça importante sem levantar a suspeita de uma perturbação mental. Portanto, a nossa investigação só pode se estender aos propósitos que são ou mais ou menos secundários; naqueles que são completamente indiferentes, não presumimos propósito algum, pois em tais casos eles sequer teriam sido concebidos.

A exemplo do que fiz nos tipos de perturbação funcional anteriores, reuni e tentei explicar omissões provocadas pelo esquecimento que observei em mim mesmo, e descobri que elas geralmente se devem à interferência de motivos desconhecidos e inconfessos — ou a uma *contravontade*, poderíamos dizer. Em vários desses casos eu vivia uma situação semelhante à de quem está prestando um serviço, sob uma pressão diante da qual eu relutava em ceder e protestava por meio do esquecimento. E isso tem uma relação com a minha extraordinária facilidade para esquecer de enviar cumprimentos em ocasiões como aniversários, jubileus, casamentos e promoções. Proponho-me sempre a enviá-los e cada vez mais me convenço de que nunca conseguirei. Hoje em dia estou mais inclinado a desistir e aceitar de modo consciente os motivos que não querem ceder. Em um período de transição antecipei a um amigo — que pediu para

---

*Studien zur Minne-Ideologie* [Serviço à dama e serviço a Deus: estudos sobre a ideologia do amor cortês]. Berlin: Schmidt. [N.E.].

enviar, em nosso nome, um telegrama felicitando por uma data — que me esqueceria de ambos, e não foi por acaso que a profecia se concretizou. Experiências dolorosas me tornam incapaz de expressar minha simpatia nos casos em que essa expressão pareceria forçosamente exagerada, pois os termos que transmitiriam a pouca intensidade do meu sentimento não são os apropriados. Após perceber que costumava tomar por genuína uma simpatia que era apenas aparente, rebelei-me contra essas manifestações convencionais de empatia, embora reconheça a sua utilidade social. Essa atitude ambígua não se aplica a condolências em casos de morte; nunca deixo de fazê-las, se tomo essa decisão. A expressão do meu sentimento jamais é inibida pelo esquecimento quando ela não possui relação com alguma obrigação da sociedade.

O antagonismo entre uma obrigação protocolar e uma avaliação feita em segredo explica de maneira semelhante os casos em que alguém esquece de realizar uma ação que havia sido prometida a outra pessoa. Aqui verifica-se com regularidade que somente o autor da promessa acredita que o esquecimento funcione como desculpa, enquanto a pessoa que seria favorecida encontra a resposta correta sem hesitar: ele não tem interesse nisso, ou então não teria esquecido. Existem pessoas que são definidas como muito esquecidas, o que igualmente as exime de responsabilidade, como no caso do míope que não cumprimenta os outros na rua.[101] Essas pessoas esquecem as pequenas

101 As mulheres, com o seu sutil entendimento dos processos anímicos, estão na verdade mais inclinadas a tomar por ofensa quando não reconhecidas e cumprimentadas na rua do que a pensar na explicação mais simples: que o desatento fosse míope

promessas que fizeram, não cumprem tarefas que lhes foram dadas, comprovam que não merecem confiança nem mesmo para as coisas menores e assim reivindicam que seus pequenos deslizes deveriam ser tolerados, ou seja, que eles não deveriam ser explicados a partir de seu caráter, e sim remetidos a alguma disposição particular do organismo. Não sou uma delas, e até hoje não tive oportunidade de analisar alguma para descobrir a motivação dos seus esquecimentos. Mas não vejo como afastar *per analogiam*[102] a suposição de que uma depreciação incomum, que nem chega a ser admitida, é o motivo que o fator constitucional explora para favorecer os seus próprios objetivos.

Em outros casos os motivos do esquecimento não são revelados com tanta facilidade e provocam muita estranheza quando descobertos. Muitos anos atrás eu me dei conta de que esqueço, muito mais que em outros casos, das visitas a pacientes que são médicos ou que não pagam pela consulta. Esse constrangimento me fez criar o hábito de anotar pela manhã as visitas como tarefas daquele dia. Não sei se outros médicos também criaram esse costume pelo mesmo caminho. Mas ele oferece uma pista daquilo que leva o assim chamado neurastênico a anotar as informações que quer comunicar ao médico nos famigerados "bilhetes". Falta-lhe supostamente a confiança para reproduzir o conteúdo que ele guardou na memória. Isso certamente está correto, mas a cena[103] transcorre

---

ou estivesse entretido com os próprios pensamentos quando deixou de notá-las. Concluem que teriam sido percebidas se delas este outro realmente "fizesse questão".

102 Do latim, "por analogia" [N.E.].

103 Aqui, a partir da edição de 1904, acrescenta-se a palavra "geralmente" [N.T.].

desta maneira: o paciente expôs suas queixas e questionamentos com extremo vagar. Depois que termina, faz uma pausa, retira o bilhete e diz, como se pedisse desculpas: "Anotei algumas coisas porque não presto atenção em nada". O bilhete geralmente não traz nada de novo. Ele repete cada um dos pontos e ele mesmo responde: "Ah, isso aqui eu já perguntei". Com o bilhete, provavelmente só faz a demonstração de um dos seus sintomas, a interferência frequente que motivos obscuros exercem sobre os seus propósitos.

Falo das aflições que também atingem a maior parte das pessoas saudáveis que conheço ao admitir que, sobretudo em tempos recentes, esqueci de devolver livros por longos períodos e com muita facilidade, ou que é comum que eu atrase pagamentos porque os havia esquecido. Pouco tempo atrás, teve uma manhã em que saí sem pagar da tabacaria onde fizera a minha compra diária de charutos. Era uma omissão trivial, pois ali todos me conhecem e eu podia contar que no dia seguinte alguém iria me lembrar da dívida. Mas essa pequena displicência, que era uma tentativa de fazer dívidas, não deixava de ter relação com as preocupações financeiras que haviam me ocupado no dia anterior. Encontramos com facilidade os sinais do comportamento ambíguo a propósito do tema do dinheiro e da propriedade até mesmo nas pessoas ditas decentes. A ânsia primitiva do bebê que tenta se apoderar de todos os objetos (para levá-los à boca) talvez tenha sido superada de modo apenas incompleto pela cultura e pela educação.[104]

---

104 Por consideração ao tema, interrompo neste ponto a divisão que estabeleci e acrescento ao que foi dito acima que a memória dos humanos demonstra uma singular parcialidade no trato com as questões financeiras. Ilusões da memória — como já ter

Receio, com os exemplos que apresentei até aqui, ter sido tão somente *banal*. Mas esse encontro com coisas que todos conhecem e compreendem da mesma maneira talvez seja mais proveitoso no meu caso, pois meu único propósito consiste em reunir e avaliar cientificamente essas coisas do cotidiano. Não entendo por que devemos recusar à sabedoria, que é o sedimento das experiências da vida comum, um lugar entre as aquisições da ciência. O caráter fundamental do trabalho científico não é formado pela diversidade dos objetos, e sim pelo rigor do método que estabelece sua delimitação e busca uma articulação de longo alcance.

Nos casos em que os propósitos têm certa relevância, descobrimos que geralmente são esquecidos quando contra eles se voltam motivos obscuros. Nos propósitos de menor importância percebe-se um segundo mecanismo do esquecimento: uma

---

pagado alguma coisa — costumam ser muito persistentes, algo que sei por experiência própria. Ali onde o propósito do lucro se afasta dos principais interesses da vida e oferece liberdade para o brincar, como no jogo de cartas, os mais honestos dos homens estão inclinados a equívocos, erros de contas ou de recordação, e acabam enredados, sem saber muito bem como, em pequenas trapaças. O caráter psiquicamente revigorante do jogo depende, em grande parte, dessa liberdade. É de se admitir o adágio de que é no jogo que se reconhece o caráter da pessoa; se quisermos acrescentar: o caráter reprimido. O mesmo juízo se aplica ao garçom que, inadvertidamente, erra uma conta.
Nos comerciantes, encontramos com frequência certa hesitação quando uma conta é paga, ou quando é desembolsada uma soma que não traz benefício algum ao proprietário e que, na verdade, deve ser compreendida, em termos psicológicos, como a expressão de uma vontade que é contrária a separar-se do dinheiro.
A peculiar relutância a pagar o médico demonstrada pelas mulheres relaciona-se às emoções mais íntimas e que menos ficam claras. Geralmente esqueceram a carteira e por isso não podem pagar na consulta, e, depois que voltam para casa, continuam se esquecendo de remeter o valor, e persistem de uma tal maneira que acabam recebendo em troca de nada — "dos seus belos olhos" — o tratamento. É como se elas pagassem com o olhar.

contravontade vinda de alguma outra parte se transfere para o propósito depois que se formou uma associação *superficial* entre o conteúdo do propósito e aquele outro conteúdo. Um exemplo: gosto de usar o papel mata-borrão e decido que irei comprá-lo à tarde quando sair para a cidade. Mas acabo me esquecendo por quatro dias consecutivos, até que finalmente me pergunto qual teria sido a razão. Eu a encontro sem esforço ao lembrar que tenho o costume de escrever "papel mata-borrão", embora fale "folhas mata-borrão". "Fliess" é o nome do meu amigo[105] berlinense que me havia despertado ideias aflitivas e preocupantes. Não consegui espantar essas ideias, mas a tendência para a defesa[106] se manifesta por intermédio da transferência de uma palavra semelhante para um propósito que era indiferente e, por essa razão, oferecia uma resistência menor.

Uma contravontade direta e uma motivação imprecisa estão reunidas no seguinte caso: redigi para a coleção *Grenzfragen des Nerven- und Seelenlebens* [*Questões relacionadas à vida nervosa e à vida anímica*] um breve tratado sobre o sonho que resume o conteúdo de minha *Interpretação dos sonhos*. Bergmann[107] envia-me de Wiesbaden as provas e pede que devolva o quanto antes porque pretende publicar o caderno antes do Natal. Corrijo as provas na mesma noite e as deixo sobre a escrivaninha para

105 A partir da edição de 1907, consta somente "amigo" [N.T.].

106 Ver p. 108.

107 Joseph F. Bergmann (1849-1917) foi um editor alemão que atuou sobretudo no campo da literatura médica. Sua empresa havia sido fundada em 1878 na cidade de Wiesbaden e, após sua morte, teve o catálogo transferido à Springer — que manteve "Verlag J. F. Bergmann" como selo da editora até 1989 [N.E].

levá-las na manhã seguinte. Pela manhã eu me esqueço e só acabo me lembrando à tarde, quando encontro o pacote sobre a escrivaninha. Também esqueço as provas pela tarde, pela noite e pela manhã seguinte, até finalmente resolver depositá-las numa caixa de correio na tarde do segundo dia, sem imaginar qual seria a razão desse atraso. Está claro que não quero enviá-las, mas não encontro o motivo. No meio do caminho encontro o meu editor vienense, que também havia publicado meu livro sobre os sonhos, encomendo-lhe alguma coisa e digo, como se uma ideia repentina me ocorresse: "O senhor sabe que escrevi novamente o livro sobre o sonho?" — "Ah, não sei se a notícia me agrada". — "Fique tranquilo, é um texto curto para a coleção de Löwenfeld[108] e Kurella.[109] Entretanto, ele se sentia incomodado: temia que aquela contribuição prejudicasse as vendas do livro. Rebati essa ideia e perguntei-lhe então: "Se eu o informasse antes, teria impedido a publicação?" — "Não, de modo algum".

---

108 Um dos pioneiros no campo das patologias sexuais e editor, junto com Hans Kurella, da série mencionada por Freud (*Grenzfragen des Nerven- und Seelenlebens*), o médico Leopold Löwenfeld (1847-1923) havia publicado um artigo sobre a concepção freudiana da neurose de medo que recebeu uma resposta do autor logo em seguida. Cf. respectivamente: Löwenfeld (1895). Über die Verknüpfung neurasthenischer und hystérischer Symptome in Anfallsformen nebst Bemerkungen über die Freud'sche "Angstneurose". *Münchener medizinische Wochenschrift*, *42*(13), pp. 282-285; Freud, S. (1895). Zur Kritik der "Angstneurose". *Wiener klinische Rundschau*, *9*(27), pp. 417-419, (28), pp. 435-437, (29), pp. 451-452 [Em português brasileiro: Freud, S. (1895/2023). A crítica à "neurose de medo". In *Primeiros escritos psicanalíticos* (pp. 116-138, P. C. de Souza, trad.) (Obras completas, Vol. 3). São Paulo: Companhia das Letras; trad. modificada. [N.E.].

109 O psiquiatra Hans G. Kurella (1858-1916), autor e tradutor prolífico, foi um grande defensor da antropologia criminal na Alemanha, caracterizando-se sobretudo pela influência do psiquiatra italiano Cesare Lombroso (1835-1909) [N.E.].

Pessoalmente, creio que agi dentro dos meus direitos e não fiz nada que não fosse uma prática comum; e, no entanto, tenho a certeza de que uma reserva, semelhante a essa que o editor havia expressado, era o motivo da minha hesitação para enviar as correções. Minhas reservas têm relação com um incidente do passado, no qual criei dificuldades para um outro editor por ter aproveitado algumas páginas de uma publicação anterior sobre as paralisias cerebrais infantis, por outra editora, em um texto que aborda o mesmo tema e era destinado ao manual de Nothnagel.[110] Mas neste caso a reclamação também não recebeu atenção; naquela ocasião eu havia igualmente informado meu editor (o mesmo de *A interpretação dos sonhos*) sobre a minha intenção. E, caso essa série de lembranças recue um outro tanto, irá alcançar um incidente ainda mais antigo, no qual de fato desrespeitei os direitos autorais relativos à publicação de uma tradução que fiz a partir do francês. Eu havia acrescentado comentários ao texto traduzido sem solicitar a autorização do autor em relação a esses comentários, e anos depois descobri razões que me levavam a supor que o autor ficara insatisfeito com essa atitude unilateral.[111]

---

110 Freud, S. (1897). Die infantile Cerebrallähmung [A paralisia cerebral infantil]. In H. Nothnagel (org.). *Specielle Pathologie und Therapie* (Vol. 9, Tomo 2, Seção 2). Wien: Hölder [N.E.].

111 Essa tradução existe em dois formatos, com texto idêntico, diferenciando-se pelos títulos e datas: Charcot, J. M. (1892). *Poliklinische Vorträge (mit zahlreichen Holzschnitten im Text)* [Conferências policlínicas (com numerosas xilogravuras no texto)] (S. Freud, trad.). Leipzig/ Wien: Deuticke; Charcot, J. M. (1894). Poliklinische Vorträge, Band I, Schuljahr 1887-1888, Mit 99 Holzschnitten [Conferências policlínicas, Vol. 1, ano letivo de 1887-1888, com 99 xilogravuras] (S. Freud, trad.). Leipzig/

Tem um ditado que revela a sabedoria popular de que o esquecimento de um propósito não acontece por acaso: "Quem esquece uma vez, esquece duas".

## VII. Os descuidos[112]

Retiro outra passagem do louvável[113] trabalho de Meringer e Mayer: "Os erros de fala não são ocorrências isoladas. Eles correspondem aos erros que acontecem com frequência em outras atividades humanas, tolamente descritas como 'esquecimentos'".[114]

Isso significa que certamente não sou o primeiro a supor a existência de sentido e propósito por trás das pequenas perturbações funcionais no cotidiano de pessoas sadias.

Se os erros que ocorrem na fala, que representa uma atividade motora, já autorizavam esse entendimento, então é razoável transferir essa mesma expectativa para as nossas outras ações motoras. Estabeleci dois grupos de casos: denomino "*descuidos*" todos os casos em que o efeito provocado pelo erro parece ser o fator essencial — ou seja, todos os desvios relacionados à intenção — e "*ações sintomáticas ou acidentais*" todos os outros, nos quais a ação parece inteiramente sem propósito. Mas

---

Wien: Deuticke. Cf. Ellenberger, H. (1970/2023). *A descoberta do inconsciente* (P. S. de Souza Jr., trad.). São Paulo: Perspectiva, pp. 440-441 [N.E.].

112 Este será o oitavo capítulo a partir da edição de 1907 [N.T.].

113 A partir da edição de 1910, substitui-se a palavra "louvável" por "já citado" [N.T.].

114 Meringer, R. & Mayer, C. (1895). *Versprechen und Verlesen*. Stuttgart: Göschen, p. 98.

essa separação não pode ser feita com tanto rigor: na verdade, percebemos que todas as divisões empregadas neste estudo possuem apenas valor descritivo, algo que não coincide com a unidade interna desse campo de fenômenos.

Não avançaremos na compreensão psicológica do "descuido" se o subsumirmos à ataxia e, mais particularmente, à "ataxia cortical".[115] Tentemos, em vez disso, remeter cada um dos exemplos às suas circunstâncias específicas. Vou recorrer mais uma vez a auto-observações, embora os descuidos não me ocorram com muita frequência.

a) No passado, à época em que fazia visitas aos pacientes com maior frequência, era comum que eu retirasse do bolso a chave da minha própria casa antes de bater na porta ou tocar a campainha — e depois guardasse novamente, um tanto constrangido. Quando recordo quem eram os pacientes com os quais isso aconteceu, sou levado a supor que a ação falha — retirar a chave em vez de tocar a campainha — era um sinal de reverência pelas casas nas quais cometi esse engano. Ele equivalia ao pensamento: "Aqui estou em casa", pois ocorria apenas onde eu tinha afeição pelo paciente. (Nunca toquei a campainha da minha própria casa, é claro). Ou seja, o ato falho era a figuração simbólica de um pensamento que não devia ser levado a sério de modo consciente, pois na realidade quem trata de pacientes nervosos sabe muito bem que eles só

115 Designando a incapacidade de coordenação dos movimentos voluntários, o termo "ataxia" compreende o grupo de sintomas de uma doença subjacente, não sendo o nome de um diagnóstico específico. Quando observada em doenças do córtex motor, é chamada de "ataxia cortical" [N.E.].

permanecem ligados ao médico enquanto têm a expectativa de algum benefício, e que ele próprio só cultiva um interesse vivo e intenso pelos seus pacientes com o objetivo de oferecer-lhes auxílio psíquico.

b) Em um determinado edifício onde há seis anos fico aguardando todos os dias, em dois horários diferentes, que uma porta se abra para mim no segundo andar, ocorreu-me, nesse longo período, em duas ocasiões (num curto intervalo), que eu subisse um lance a mais de escada, ou seja, eu havia "*passado do ponto*". Na primeira ocasião, achava-me imerso em um devaneio ambicioso no qual estava "indo longe demais", e nem mesmo escutei a porta que se abria quando coloquei os pés no terceiro andar. Na outra ocasião, meus pensamentos também estavam "nas nuvens"; quando me dei conta, logo dei meia-volta e, ao tentar resgatar aquela fantasia, notei que estava irritado com uma crítica (fantasiada) acerca dos meus escritos: uma crítica em que me repreendiam por sempre "ser alguém que passa dos limites"; e à qual agora eu tinha de acrescentar a pouco respeitosa expressão: "*passar do ponto*".

c) Um martelo de reflexo e um diapasão estão lado a lado na minha escrivaninha há vários anos. Certo dia saio correndo depois da última consulta para pegar um trem de subúrbio e mesmo com a luz do dia coloco no bolso do meu paletó o diapasão em vez do martelo, e o peso do objeto caindo no meu bolso me alerta para o erro. Quem não costuma dar atenção para incidentes tão pequenos certamente explicaria e aceitaria o erro como resultado da pressa naquele momento. Mas preferi perguntar para mim mesmo por que, afinal de contas, eu havia pegado o diapasão, e não o martelo. A precipitação poderia servir perfeitamente como motivo para que eu pegasse o objeto correto e não perdesse tempo me corrigindo.

Quem foi a última pessoa a pegar o diapasão? — é a pergunta que me veio na hora. Foi uma criança *idiota* cujas reações sensíveis eu havia testado, e que se interessou tanto pelo diapasão que custei a tirá-lo de suas mãos. Isso significa então que o idiota sou eu? Sim, ao menos é o que parece, pois a ideia seguinte que se associa ao martelo é "*khamer*"[116] ("burro", em hebraico).[117]

E por que esse insulto? É necessário examinar a situação. Saio às pressas para atender na região oeste da cidade um paciente que, de acordo com a anamnese que me foi comunicada recentemente, havia caído de uma sacada meses antes, e desde então não conseguia mais caminhar. O médico que me fez esse convite informa por escrito que não sabe se se trata de uma lesão da medula espinhal ou de uma neurose traumática — histeria. É o que me cabe determinar. Aqui haveria uma advertência sobre a necessária cautela no terreno incerto do diagnóstico diferencial. Os colegas avaliam que o diagnóstico de histeria é estabelecido sem o devido cuidado em quadros que, na verdade, são muito mais graves. Mas isso ainda não justifica a ofensa! Sim, além de todas essas coisas, a pequena estação de trem é o mesmo local onde anos atrás visitei um jovem que enfrentava dificuldades para andar após ter passado por um abalo emocional. Diagnostiquei naquela época uma histeria e iniciei com o paciente um tratamento psíquico, e mais adiante ficou claro

116 *Hammer*, em alemão, significa "martelo" [N.T.].

117 *Khamer* [חמור] é a pronúncia do termo derrogatório em iídiche. Trata-se de *khamór* [חֲמוֹר] em hebraico moderno [N.E.].

que o meu diagnóstico não estava incorreto, mas nem por isso estava correto. Diversos sintomas do paciente eram histéricos e logo desapareceram no curso do tratamento. Mas, por trás deles, a terapia havia permitido enxergar sintomas restantes que só poderiam ser remetidos a uma esclerose múltipla. Quem examinou o paciente depois de mim identificou a afecção orgânica sem dificuldade; meu procedimento e minha avaliação dificilmente poderiam ser diferentes, mas a impressão de um grave equívoco estava presente; a promessa de cura que eu fizera para ele evidentemente não se sustentava. Portanto a troca do martelo pelo diapasão poderia ser traduzida pelas seguintes palavras: sua besta, seu burro, tome juízo e não diagnostique uma histeria no caso de uma doença incurável, como fez no caso daquele pobre homem naquele mesmo lugar! E para a sorte desta pequena análise, mas para o azar do meu ânimo, aquele mesmo homem acometido por uma severa paralisia espástica[118] fizera comigo uma sessão de terapia poucos dias antes e um dia depois da criança idiota.

Percebemos aqui a voz da autocrítica que se faz ouvir por intermédio da troca de objetos. Essa troca ajusta-se muito bem a esse emprego como autorrepreensão. Esse erro serve para ilustrar o erro que foi cometido numa outra situação.

d) Os erros que envolvem objetos evidentemente também podem servir a uma série de intenções obscuras. Um primeiro exemplo: é raro que eu quebre um objeto. Não sou uma pessoa especialmente habilidosa, mas a integridade do meu aparato

---

118 Sintoma presente em lesões no sistema piramidal, a espasticidade é a rigidez muscular que impede o movimento normal [N.E.].

muscular e nervoso jamais provocou em mim algum movimento desastrado que tivesse um resultado indesejado. Por isso não sou capaz de lembrar de um único objeto doméstico que eu houvesse quebrado. O espaço estreito do meu escritório muitas vezes já me obrigou a manusear minha pequena coleção de antiguidades de pedra e argila em posições bastante desconfortáveis, despertando em pessoas que me observavam o temor de que pudesse derrubar e quebrar algum objeto. Mas isso nunca aconteceu. Então por que é que recentemente[119] atirei no chão o tampo de mármore do meu tinteiro a ponto de quebrar?

Meu tinteiro consiste em uma placa de mármore de Untersberg[120] escavada para receber o potinho de vidro que contém a tinta; o pote de tinta possui uma tampa com um puxador desta mesma pedra. Estatuetas de bronze e figuras de terracota estão dispostas em círculo atrás do tinteiro. Sento-me à mesa para escrever, faço com a mão que segura a haste da pena um gesto desajeitado e involuntário, atirando no chão a tampa do tinteiro que estava sobre a mesa. Não é difícil encontrar a explicação. Minha irmã estivera ali poucas horas antes para conhecer as recentes aquisições. Apreciou-as bastante e disse em seguida: "A escrivaninha ficou muito bonita agora: só o tinteiro não combina com o resto. Você precisa de um outro

119 A partir da edição de 1907, a palavra "recentemente" é substituída por "certa vez" [N.T.].

120 Extraído da encosta norte do Untersberg, nos Alpes calcários do Norte, perto de Fürstenbrunn (Salzburgo), trata-se de uma rocha versátil. Seu nome refere-se à utilização como pedra escultural e decorativa, podendo ser processado e polido como o mármore [N.E.].

mais bonito". Acompanhei minha irmã quando ela saiu e só regressei algumas horas depois. E então, a julgar pelas aparências, levei à execução o tinteiro que havia sido sentenciado. Será que as palavras da minha irmã não me fizeram pensar que ela teria decidido me presentear com um tinteiro mais bonito na próxima ocasião festiva e quebrar o outro, velho e feio, para obrigá-la a fazer o que me havia indicado? Se assim for, então meu gesto desastrado só havia sido inábil na aparência; na verdade, ele foi extremamente hábil e consequente, e soube ainda desviar-se muito bem de todos os objetos valiosos do entorno, que foram preservados.

Acredito que devemos realmente aceitar esse juízo para toda uma série de movimentos desastrados. É verdade que eles trazem à tona algo violento e arrebatador, ou espástico-atáctico, mas revelam que são governados por uma intenção e que atingem sua meta com uma segurança que geralmente não atribuímos aos movimentos voluntários e conscientes. Ambas as qualidades, a violência e a acuidade, também são compartilhadas pelos fenômenos motores da neurose histérica e parcialmente pelas ações motoras do sonambulismo, o que certamente aponta, em todos os casos, para a mesma modificação desconhecida dos processos de inervação.

Gestos como deixar cair, tombar ou espatifar objetos muitas vezes parecem ser usados para expressar pensamentos inconscientes, como a análise consegue demonstrar em certos casos, e como pretendem revelar as interpretações supersticiosas ou anedóticas da cultura popular. Conhecemos as interpretações que são atribuídas a ações como entornar o sal, tombar uma taça de vinho ou fincar no chão uma faca que deixamos cair, e coisas do tipo. Explicarei mais adiante quais direitos essas interpretações supersticiosas podem reivindicar; por enquanto, cabe observar que nenhum gesto desastrado possui um sentido constante, e que na verdade eles servem como um modo de figuração para esta ou aquela intenção, a depender das circunstâncias.

Quando serviçais destroem objetos frágeis ao deixá-los cair, o que nos ocorre de imediato certamente não é alguma explicação psicológica, embora a existência de motivos obscuros não seja improvável nesses casos. Nada é mais estranho para uma pessoa inculta do que a apreciação da arte e das obras artísticas. Entre os nossos serviçais reina uma silenciosa antipatia por essas produções, sobretudo quando os objetos, cujo valor eles desconhecem, passam a lhes demandar trabalho. Em contrapartida, pessoas que têm a mesma origem e mesmo grau de instrução destacam-se nas instituições científicas pela habilidade e segurança com a qual passam a manusear objetos delicados, assim que começam a identificar-se com o chefe e a enxergar a si próprios como profissionais importantes da instituição.

Ações como tropeçar, dar um passo em falso e escorregar não precisam ser compreendidas em todos os casos como perturbações puramente motoras. O duplo sentido dessas expressões já assinala quais fantasias ocultas poderiam estar implicadas na figuração de um abandono do equilíbrio corporal. Recordo-me de diversos casos de leve adoecimento nervoso em homens e mulheres que se levantaram sem ferimentos após uma queda e foram, em seguida, acometidos por uma histeria traumática decorrente do susto causado pela queda. Já naquela época eu tive a impressão de que as coisas estavam correlacionadas de outra forma: era como se a própria queda fosse um produto da neurose e uma expressão das mesmas fantasias inconscientes com conteúdo sexual, que poderíamos suspeitar serem as forças motrizes por trás dos sintomas. Não seria esse o significado daquele ditado que diz: "Uma moça virgem sempre cai de costas"?[121]

e) Nenhum outro terreno nos leva mais a acreditar que os atos acidentais possuem uma intenção do que o terreno da atividade sexual, onde as fronteiras entre os dois tipos parecem realmente se dissipar. Uma experiência que eu mesmo vivi há poucos anos mostra como um movimento aparentemente desajeitado pode ser explorado com extrema sutileza para fins sexuais. Na casa de uma família de amigos encontrei uma moça que estava ali como convidada e que, no passado, despertara em mim uma afeição que julgava desaparecida; e por essa razão eu estava muito falante, caloroso e receptivo. Naquela época já me perguntava o que teria acontecido, pois um ano antes eu havia permanecido frio diante daquela moça. No momento em que entrou no recinto o tio dela, um senhor muito idoso, nós dois corremos para levar até ele uma cadeira que estava encostada no canto. Ela foi mais ligeira e, além disso, estava mais próxima: alcançou primeiro a poltrona e puxou-a para trás pelo encosto com as mãos segurando as laterais. Quando me aproximei na sequência com a pretensão de levar a poltrona, e não parei, de

121 O ditado aparece em *Romeu e Julieta* (Ato I, Cena III, vv. 47-49): "Tu caíste no chão, bateste o rosto?/ Um dia, quando fores mais esperta,/ vais é cair de costas, não é mesmo?". Shakespeare, W. (1597/2016). *Romeu e Julieta* (J. F. Botelho, trad.). São Paulo: Companhia das Letras, p. 79 [N.E.].

súbito estava rente à moça por trás, com os dois braços em volta dela e as mãos encontrando-se, por um instante, frente ao seu ventre. Desfiz-me rapidamente daquela situação tão logo ela ocorreu, o que é natural. E ninguém parecia ter notado o uso habilidoso que eu fizera do meu movimento inábil.

Houve casos nos quais fui obrigado a reconhecer que aqueles irritantes desvios que fazemos sem muita convicção pela rua e que acabam "barrando o caminho" — quando damos alguns passos para lá e para cá por meio minuto,[122] mas sempre para o mesmo lado que a outra pessoa vai, até que os dois acabem parados frente a frente — repetem o comportamento malicioso e provocativo de nossos primeiros anos e carregam intenções sexuais sob a máscara da falta de habilidade. Meus tratamentos psicanalíticos de neuróticos me mostram que muitas vezes a suposta ingenuidade de jovens e crianças é somente uma máscara que lhes permite fazer ou dizer coisas indecorosas sem nenhuma cerimônia.

f) Os efeitos que resultam das trocas cometidas por pessoas normais são geralmente inócuos. Precisamente por esse motivo, adquire especial interesse a questão de saber se as trocas que possuem real importância e que poderiam trazer consequências sérias, como no caso do médico ou do farmacêutico, coincidem por alguma via com os nossos pontos de vista.

Como só muito raramente faço intervenções médicas, posso retirar da minha experiência um único exemplo de troca que possui relação com a medicina. Durante a visita matinal

122 A partir da edição de 1904, "meio minuto" é substituído por "poucos segundos" [N.T.].

que faço a uma senhora muito idosa, a quem visito duas vezes ao dia há alguns anos, minha atuação médica se resume a dois atos: pingo duas gotas de colírio em seus olhos e aplico-lhe uma injeção de morfina. Sempre deixo preparados dois frascos, um azul e outro branco. Enquanto executo essas operações, geralmente estou pensando em alguma outra coisa; já repeti isso tantas vezes que a minha atenção fica praticamente livre. Certa manhã me dou conta de que o autômato não trabalhou direito e inseriu o conta-gotas no frasco branco em vez do azul, pingando no olho a morfina, e não o colírio. Fico muito assustado e tranquilizo-me em seguida, ao avaliar que algumas gotas de uma solução de dois por cento de morfina não poderiam causar dano algum no contato com a membrana conjuntiva. Estava claro que aquele susto provinha de algum outro lugar.

Quando tentei analisar esse pequeno erro, ocorreu-me na mesma hora a frase "dando um trato na velha", que apontava o atalho para resolvê-lo. Eu sentia ainda a impressão provocada pelo sonho que um jovem rapaz me havia contado na noite anterior, cujo conteúdo não indicava nenhuma outra coisa, a não ser uma relação sexual com a própria mãe.[123] O fato curioso de que a idade da rainha Jocasta não provoque escândalo na

123 O *sonho edípico*, como costumo designá-lo, pois nele está a chave para a compreensão da lenda de Édipo Rei. No texto de Sófocles, a relação com esse tipo de sonho é posta na boca de Jocasta (ver Freud. S. (1900). *Die Traumdeutung*. Leipzig/Wien: Deuticke, p. 182 [Em português brasileiro: Freud, S. (1900/2019). *A interpretação dos sonhos* (P. C. de Souza, trad.). São Paulo: Companhia das Letras, p. 309]. ([N.E.]: Na tragédia, Jocasta conta ao filho um sonho que, segundo ela, muitas pessoas têm: "Não te amedronte o enlace com tua mãe,/ pois muitos já dormiram com a mãe/ em sonhos. Quem um fato assim iguala/ a nada, faz sua vida bem mais fácil". Sófocles (~séc. 5 a.C./2016). *Édipo rei* (T. Vieira, trad.). São Paulo: Perspectiva, p. 84.)

lenda parecia-me compatível com a conclusão de que a paixão pela própria mãe jamais envolve a pessoa do presente, mas sim a imagem de juventude que pertencia aos anos da infância. Essas incongruências surgem todas as vezes que uma fantasia que flutua entre dois tempos torna-se consciente, ligando-se dessa maneira a um tempo determinado. Eu pensava nesses assuntos quando encontrei minha paciente nonagenária, e talvez ali começasse a conceber o caráter humano universal da fábula edípica como o correlato do dilema que é revelado pelo oráculo, pois cometi um erro "tratando da velha" ou "dando um trato na velha". Mas o equívoco era realmente inofensivo: entre os dois enganos possíveis — aplicar a solução de morfina nos olhos ou usar o colírio como injeção —, certamente havia escolhido o que era, de longe, o mais inofensivo. Apesar de tudo, ainda resta saber se estamos autorizados a supor a presença de uma intenção inconsciente nos casos em que um erro pode causar graves prejuízos da mesma maneira que fizemos aqui.

Neste ponto o material não me auxilia, o que era de se esperar, e sou remetido a conjecturas e aproximações. É sabido que nos casos graves de psiconeurose as automutilações eventualmente comparecem como sintomas da doença, e que não se deve descartar o suicídio como um desfecho para o conflito psíquico. Mas a experiência me mostrou, e algum dia irei apresentar exemplos convincentes, que diversas mutilações aparentemente acidentais que ocorrem com esses pacientes são, na verdade, automutilações, pois uma tendência à autopunição que permanece à espreita — e que, numa situação diferente, seria uma autorrecriminação ou um componente na formação do sintoma — explora com habilidade uma situação trazida pelo acaso ou contribui para que o efeito lesivo almejado acabe se realizando. Essas ocorrências não são raras nem mesmo nos casos moderadamente graves e denunciam a presença de uma intenção inconsciente por meio de uma série de particularidades como, por exemplo, o ar impassível do paciente diante do suposto incidente.[124]

Quem acredita na existência de automutilações parcialmente intencionais — se a inusitada expressão for permitida — poderá supor, justamente por causa disso, que além do suicídio consciente e propositado existe também a autodestruição intencional (com intenção inconsciente), que explora uma ameaça à vida com habilidade e consegue mascará-la como fatalidade. Essa autodestruição não é algo necessariamente raro. Pois a tendência à destruição existe com certa intensidade em um número maior de pessoas do que naquelas em que se concretiza: as automutilações geralmente são um compromisso entre essa pulsão e as forças que fazem oposição a ela; e, mesmo nos casos em que o suicídio de fato acontece, essa inclinação já existia anteriormente com menor intensidade ou como tendência inconsciente e reprimida.

A intenção suicida consciente escolhe igualmente hora, meio e oportunidade; está plenamente de acordo com isso o fato de que a intenção inconsciente irá aguardar por uma circunstância que possa servir parcialmente como causa e

124 No atual estágio de nossa civilização, disfarçar-se como acidente ou impor-se como simulação de uma doença espontânea são as alternativas que restam para a autolesão que não visa à completa autodestruição. Ela era, no passado, um signo comum do luto; em outras épocas, podia expressar as noções de piedade e recusa da vida terrena.

aliviar a sua pressão por meio das exigências que ela impõe às forças de defesa no indivíduo.[125] Não faço essas considerações por mero acaso; tomei conhecimento de mais de um caso de acidentes aparentemente fortuitos (com cavalo ou veículo) cujas circunstâncias validavam a suspeita de um suicídio no qual havia consentimento inconsciente. Por exemplo, um oficial cai do cavalo durante uma competição e sofre lesões tão graves que acaba falecendo vários dias depois. Seu comportamento após recobrar a consciência é inusitado sob certos aspectos. E o seu comportamento anterior chama ainda mais a atenção. Ele está muito deprimido por causa da morte da mãe, que era tão amada; tem crises de choro diante dos camaradas, diz aos amigos mais próximos que está cansado da vida, quer abandonar o serviço militar para engajar-se em uma guerra na África com a qual

---

125 No fim, então, esse caso não difere daqueles de atentado sexual contra mulher em que o ataque do homem não poderá ser repelido por meio de toda a força muscular porque uma parcela dos sentimentos inconscientes da pessoa atacada lhe vem em incentivo. Costuma-se dizer que uma situação desse tipo *paralisa* as forças da mulher; basta então que sejam acrescentados os motivos desse enfraquecimento. Nesse sentido, a espirituosa sentença proferida por Sancho Pança, que lhe cabe enquanto governador de sua ilha, é psicologicamente injusta (Dom Quixote II, Cap. XLV). Uma mulher arrasta até o juiz um homem que supostamente roubou-lhe a honra pelo uso da força. Sancho a compensa com a bolsa cheia de dinheiro que ele retira do acusado, e após a sua saída concede ao homem a permissão para que corra atrás dela e lhe arranque aquela bolsa. Os dois regressam pelejando e a mulher se gaba porque o desalmado não fora capaz de tomar-lhe a bolsa. E Sancho responde: "Se tivésseis defendido vossa honra com metade da severidade com que defendestes esta bolsa, o homem não poderia tê-la roubado". ([N.E.]: "Minha irmã, se o mesmo vigor e brio que mostrastes na defesa desta bolsa, ou pelo menos metade, mostrásseis na defesa do vosso corpo, nem as forças de Hércules vos forçariam". Cervantes, M. (1615/2019). *O engenhoso cavaleiro D. Quixote de La Mancha — segundo livro* (3a ed. de bolso; S. Molina, trad.). São Paulo: Editora 34, p. 484.)

nunca se havia preocupado;[126] cavaleiro audaz em outros tempos, agora evita montar sempre que possível. Antes da competição, da qual não tem como fugir, externa um pressentimento sombrio; não surpreende, se considerarmos as nossas concepções, que o pressentimento se consuma. Posso ser contestado pela afirmação de que não é difícil compreender que uma pessoa, acometida por uma depressão nervosa como essa, não controle mais um animal como nos tempos em que era saudável. Estou de pleno acordo, mas prefiro investigar a presença do mecanismo dessa inibição motora que é provocada pelo nervosismo na intenção autodestrutiva que foi assinalada aqui.

Se uma incapacidade motora e uma imperícia que parece acidental podem encobrir uma fúria contra a integridade pessoal e contra a própria vida, então não precisamos de um grande passo para admitir que essa compreensão pode ser transportada para os erros que colocam em grave risco a vida

---

126 É evidente que a situação do campo de batalha vai ao encontro do propósito inconsciente do suicídio, mesmo que ela se afaste da via direta. Conferir em *Wallenstein* as palavras do capitão sueco acerca da morte de Max Piccolomini: "Dizem que ele queria morrer". ([N.E.]: Cf. Schiller, F. (1800). *Wallenstein, ein dramatisches Gedicht* [Wallenstein, um poema dramático]. Tübingen: Cotta, p. 195. Na obra, Octavio e Max Piccolomini desempenham, pai e filho, os papéis principais na parte intermédia da trilogia. Max é retratado como uma espécie de filho adotivo do general Wallenstein, pai de Thekla, por quem o rapaz se apaixona. O general, porém, não dá consentimento, pois quer a única filha casada com a realeza — ele já a vê como herdeira da coroa da Boêmia, que espera conquistar com a ajuda dos suecos. Quando Octavio parte para se juntar aos leais do imperador e pede ao filho que o acompanhe, este hesita. Wallenstein e seus oficiais tentam mantê-lo do seu lado. Dividido e sem esperanças, Max se lança num audacioso ataque a um acampamento do conde do Reno, que está ao serviço da Suécia, e sucumbe com toda a sua cavalaria.)

e a saúde de outras pessoas. As provas que validam esta concepção foram retiradas da minha experiência com pacientes neuróticos e, portanto, não cumprem todas as exigências que já mencionamos. Farei o relato de um caso no qual não foi um erro, e sim algo que podemos descrever como uma ação sintomática ou ocasional, que me ofereceu a pista que levaria à resolução do conflito no paciente. Coube certa vez a mim a tarefa de recuperar o casamento de um homem muito inteligente, cujas desavenças com a jovem e amável esposa certamente possuíam motivações reais que, no entanto, como ele mesmo admitia, não poderiam explicar inteiramente o que se passava. Ele pensava constantemente em uma separação, mas logo rejeitava a ideia porque amava com ternura os dois filhos pequenos. Mesmo assim, sempre voltava a pensar nesse propósito e não buscava meio algum que tornasse tolerável aquela situação. Nessa paralisia diante de um conflito, reconheço uma prova de que já existiam motivos inconscientes e recalcados, prontos para fortalecer os motivos conflitantes na consciência; e, nos casos desse tipo, intercedo com o objetivo de pôr fim ao conflito por meio da análise psíquica. O marido me conta certo dia um pequeno incidente que o deixou muito assustado. Ele "brincava" com a criança mais velha, sem dúvida a preferida, atirando-a para o alto e pegando-a na queda, e numa dessas vezes ele a jogou tão alto que a cabeça da criança quase encostou no pesado lustre que pendia do teto. *Quase*, mas por tão pouco que talvez fosse aquele mesmo o alvo! Nada aconteceu com a criança, mas o susto lhe causou tonturas. O pai segurou perplexo a criança nos braços, a mãe teve um ataque histérico. A destreza singular dessa ação descuidada e a intensidade da reação de ambos os pais me indicavam claramente que eu deveria procurar no incidente uma ação sintomática que pudesse expressar uma má intenção contra aquela criança amada. Eu conseguiria atenuar a contradição entre essa ação e o carinho do pai pela criança se reconduzisse o impulso que visava provocar uma lesão para o período em que aquela criança ainda era a única, tão pequenina que o pai não precisava ter interesse ou ternura por ela. A partir dali era fácil supor que o marido insatisfeito com a esposa pensasse ou concebesse a seguinte ideia: se morrer essa criatura frágil que não tem importância para mim, ficarei livre e poderei me separar da minha mulher. Ou seja, o desejo pela morte dessa criatura que agora era tão amada certamente continuou a existir de modo inconsciente. A partir desse ponto era simples encontrar o caminho que levava até a fixação inconsciente desse desejo. Nas lembranças infantis do paciente havia uma determinação vigorosa: a morte de um irmão pequeno, que a mãe atribuía a um desleixo do pai, havia provocado discussões violentas e ameaças de separação. O rumo posterior do casamento confirmou minhas suposições, bem como o sucesso da terapia.

## *VIII. Ações sintomáticas ou ocasionais*[127]

As ações que descrevemos até aqui, nas quais identificamos a realização de um propósito inconsciente, manifestavam-se como perturbações de outras ações propositais e escondiam-se sob o pretexto da falta de habilidade. As ações ocasionais que discutiremos agora distinguem-se dos descuidos somente

127 Este será o nono capítulo, a partir da edição de 1907 [N.T.].

porque não necessitam do apoio de uma intenção inconsciente ou de algum pretexto. Elas se manifestam por conta própria e são autorizadas porque não levantam suspeitas sobre alguma meta ou propósito. As pessoas executam essas ações "sem pensar em nada", "por acaso" ou "só para ocupar as mãos", e esperam que essas informações façam cessar o interesse pelo seu significado. Para figurar como exceções é necessário que essas ações, que não contam com o pretexto da inabilidade, cumpram uma condição específica:[128] devem ser *discretas* e produzir efeitos muito limitados.

Reuni um grande número de ações ocasionais que observei nos outros e em mim mesmo, e avalio, após o minucioso exame de alguns exemplos, que elas na verdade merecem o nome de *ações sintomáticas*. Elas expressam algo que a pessoa que estava agindo não suspeitava em si própria e que geralmente não pretendia comunicar, mas reservar para si. Portanto, desempenham o papel de sintomas, a exemplo de todos os demais fenômenos que observamos até aqui.

Mesmo assim o tratamento psicanalítico dos neuróticos reúne o acervo mais rico de ações ocasionais ou sintomáticas. Eu não poderia deixar de indicar, partindo de dois exemplos que compartilham essa origem, como essas ocorrências imperceptíveis são determinadas de uma maneira ampla e muito sutil por pensamentos inconscientes. A fronteira entre as ações sintomáticas e os descuidos é tão imprecisa que eu poderia ter igualmente inserido estes exemplos na seção anterior.

---

128 A partir da edição de 1904, "uma condição específica" é substituído por "condições específicas" [N.T.].

a) Durante a sessão, uma jovem conta algo de que se lembrou: ontem ela cortava as unhas e fez "um corte na carne enquanto tentava remover a membranazinha debaixo da unha". Isso é tão desinteressante que seria o caso de perguntarmos por que alguém iria lembrar e mencionar algo do tipo, e suspeitarmos a presença de uma ação sintomática. Foi mesmo no dedo anelar que ocorreu a pequena imperícia, o dedo em que se usa a aliança. Além disso, aquele era o dia de seu aniversário de casamento, o que confere à violação da membrana um significado bastante claro. Juntamente com isso, conta um sonho que faz alusão à imperícia do marido e à sua anestesia como mulher. Mas por que ela teria ferido o anelar da mão esquerda, se a aliança fica na mão direita?[129] Seu marido é um jurista, "Doutor em Direito", e quando mais moça ela cultivava um secreto interesse por um médico ("Doutor em Esquerdo", como se diz jocosamente). Um casamento à mão esquerda também possui um significado preciso.[130]

b) Uma jovem senhorita me conta: "Ontem, sem querer, rasguei em dois uma nota de 100 florins e dei metade para uma

---

129 Assim como a Rússia e a Alemanha, por exemplo, a Áustria é um dos países em que a aliança de casamento é utilizada no anelar da mão direita [N.E.].

130 Na aristocracia europeia, até ao início do século XX, o *casamento morganático* designava uma união com discrepância de posição hierárquica. Nela, os direitos de propriedade e herança da mulher e dos filhos eram determinados por um contrato de casamento. Assim, com esse tipo de matrimônio — reconhecido pela Igreja e existente entre os séculos XIII e XIX —, a família do noivo nobre podia defender-se da inserção, em seu círculo social, da noiva e da prole que dessa união surgisse. Ele também era chamado de "casamento à esquerda" (ou canhoto) porque a mulher ficava do lado esquerdo do homem durante a cerimônia [N.E.].

senhora que me fazia uma visita. Será que isso também é uma ação sintomática?". O exame rigoroso traz à tona os seguintes detalhes. A nota de 100 florins: ela dedica uma parte do seu tempo e de seus recursos a eventos beneficentes; em parceria com outra senhora, custeia a educação de uma criança órfã. Os 100 florins são a contribuição repassada por aquela senhora, que ela havia guardado provisoriamente em um envelope e deixado sobre a escrivaninha.

A visitante era uma senhora ilustre ao lado de quem ela estivera numa outra ação beneficente. Essa senhora queria anotar o nome de pessoas a quem poderia pedir contribuições. Como não havia papel, minha paciente pegou o envelope sobre a escrivaninha e, sem pensar no conteúdo que havia dentro, rasgou em dois, guardando um para ter uma duplicata da lista de nomes e entregando o outro para a visitante. É preciso notar que o seu gesto inocente não tinha finalidade alguma. Uma nota de 100 florins preserva integralmente o seu valor se estiver rasgada, contanto que possa ser reconstituída a partir dos pedaços. A importância dos nomes que figuravam na lista era uma garantia de que a senhora não jogaria fora aquele papel, e não havia dúvida alguma de que ela iria restituir o valor monetário ao perceber[131] o que havia ocorrido.

Qual seria então o pensamento inconsciente que essa ação sintomática favorecida pelo esquecimento estava expressando? A visitante tinha uma relação muito particular com a terapia. Ela era a pessoa que me havia recomendado como médico para a moça padecente e, se não estou enganado, minha paciente

131 A partir da edição de 1907: "quando houvesse percebido" [N.T.].

lhe era grata por essa indicação. Seria aquela metade da cédula de 100 florins uma espécie de honorário por essa mediação? Mesmo isso seria bastante estranho.

Mas surge ainda um outro material. Alguns dias antes, uma mediadora de outra espécie havia perguntado a um parente se a estimada senhorita teria interesse em conhecer um certo senhor; e pela manhã, horas antes da visita daquela senhora, chegara a carta do pretendente, dando ensejo a uma intensa agitação. Pois bem, no momento em que a visitante iniciou a conversa perguntando como minha paciente estava se sentindo, ela pode ter pensado: "Você já me recomendou o médico certo; se também me ajudar a encontrar o melhor marido (e, com ele, um filho), eu te seria mais grata ainda". Esses dois pensamentos recalcados confluíram juntos para as duas mediadoras, e ela entregou à visitante o honorário que ela, na sua fantasia, estava disposta a oferecer à outra. Essa solução passa a ser inquestionável caso eu acrescente que havia conversado com ela a respeito das ações sintomáticas ou ocasionais na noite anterior. Logo em seguida, ela aproveitou a primeira oportunidade para produzir algo análogo.

Essas ações ocasionais ou sintomáticas, que acontecem por toda parte, podem ser divididas entre aquelas que ocorrem de modo frequente e regular em circunstâncias determinadas e aquelas que ocorrem isoladamente. As primeiras (como brincar com a corrente do relógio ou torcer os fios da barba etc.), que podem ser entendidas até mesmo como idiossincrasias, são muito próximas dos tiques e talvez devessem ser examinadas juntamente com eles. Entre as segundas, incluo brincar ou rabiscar quando estamos com uma bengala ou um lápis na mão, tilintar moedas no bolso, sovar massa e outras matérias plásticas, todos os tipos de manuseio no vestuário etc. No tratamento psíquico essas ocupações ociosas geralmente ocultam um sentido e uma significação aos quais foi recusada uma outra expressão. Normalmente, a pessoa não costuma perceber que faz aquilo ou que modifica os pequenos gestos que sempre fazia, e não vê nem escuta os efeitos dessas ações. Por exemplo, não ouve o som que faz ao tilintar as moedas, e fica incrédula e surpresa se alguém lhe adverte a respeito disso. De modo semelhante, tudo o que se faz com a própria roupa, muitas vezes sem perceber, é significativo e merece a atenção do médico. Uma mudança na maneira de se vestir, um leve desalinho (como não fechar um botão) ou a discreta exposição de uma parte do corpo são maneiras de dizer algo que as características do vestuário não querem, ou muitas vezes nem poderiam, transmitir diretamente. A interpretação dessas mínimas ações ocasionais, assim como as provas dessas interpretações, sempre são apontadas com a necessária certeza pelas circunstâncias da sessão, do tema abordado e das associações que se apresentam quando alguém chama a atenção para as aparentes casualidades. Em virtude dessa ligação, não irei fundamentar minhas afirmações a partir dos exemplos da análise; mesmo assim, faço menção a todas essas coisas porque acredito que possuam o mesmo significado tanto para os meus pacientes como para as pessoas normais.

Posso contar um caso da minha experiência psicoterapêutica no qual uma mão brincando com um grumo de miolo de pão trouxe-me um convincente testemunho. Meu paciente era um menino com pouco menos de treze anos, gravemente histérico há quase dois, que eu havia finalmente recebido para um tratamento psico-analítico[132] após uma longa permanência em um balneário que não trouxera resultado algum. De acordo com a minha premissa, ele havia necessariamente vivido experiências sexuais e sentia-se pressionado pelas questões relacionadas ao sexo que caracterizam a sua idade; evitei acudi-lo com explicações porque queria submeter à prova as minhas premissas. Portanto, eu também estava curioso para saber por qual caminho iria surgir aquilo que procurava. Foi então que um certo dia notei que o menino rolava entre os dedos da mão direita alguma coisa que ele colocava em seguida no bolso, e ali continuava a brincar, e depois a tirava para fora mais uma vez, e assim por diante. Não perguntei o que ele guardava na mão, mas acabou me mostrando quando a abriu de repente. Era miolo de pão, que ele havia apertado até formar um grumo. Na sessão seguinte ele trouxe um outro grumo desses, e enquanto conversava comigo moldou figuras com os olhos fechados e uma rapidez extraordinária, o que atraiu meu interesse. Eram sem dúvida homenzinhos com cabeça, dois braços e duas pernas, como os ídolos pré-históricos mais rudimentares, e um prolongamento no meio das pernas que ele esticava como uma ponta comprida. Ele mal terminava o primeiro e logo amassava de volta os homenzinhos; depois passou a deixá-los intactos, mas retirava o prolongamento e o colocava nas costas ou em outras partes para disfarçar o significado da primeira figura.

132 Freud começa a utilizar o termo *Psycho-analyse* [psico-análise] e seus derivados em 1896. Neste texto, porém, é a única ocorrência da palavra com essa grafia. As demais foram redigidas da forma que se tornaria definitiva: sem o hífen, portanto [N.E.].

Queria indicar para ele que eu o havia compreendido, mas sem permitir-lhe a saída de dizer que não estava pensando em nada enquanto moldava aquelas pessoas. Pensando nisso, perguntei--lhe abruptamente se ele se lembrava da história do rei romano que respondeu com uma pantomima ao emissário do filho no jardim. O menino deu a entender que não se lembrava dessa história, que ele certamente havia escutado bem mais recentemente do que eu. Perguntou se aquela não era a história dos escravos que levavam a resposta escrita na cabeça inteiramente raspada. Não, eu disse, esta é uma história da Grécia Antiga, e contei para ele: o rei Tarquínio Prisco[133] determinou ao seu filho Sextus que se infiltrasse em uma cidade inimiga do Lácio. O filho, que já havia conquistado apoio naquela cidade, enviou ao rei um emissário para perguntar-lhe o que deveria fazer em seguida. O rei não deu resposta e foi até o seu jardim, pediu que lhe fizessem novamente a pergunta e decepou em silêncio as maiores e mais belas cabeças de papoula. Tudo o que restava ao emissário era transmitir esse relato para Sextus, que compreendeu o pai e planejou o assassinato das figuras mais eminentes da cidade.

O menino parou de sovar enquanto eu falava, e no momento em que eu me preparava para contar o que o rei fizera no jardim, arrancou a cabeça do homenzinho logo nas palavras "decepou em silêncio". Ou seja, ele me compreendeu e percebeu que eu o compreendia. Depois disso, pude formular perguntas diretas, expliquei o que ele deveria fazer e nós pusemos um fim à neurose em um curto prazo.

---

133 A partir da edição de 1907, o nome é corrigido: "Tarquínio, o Soberbo" [N.T.].

Quero compartilhar um exemplo de ação ocasional que nos permite uma interpretação mais profunda mesmo sem análise, que ilustra com precisão as condições sob as quais esses sintomas podem ser produzidos de maneira imperceptível e ainda nos permite acrescentar uma observação relevante em termos práticos. Houve uma vez em que precisei aguardar alguns dias pela chegada do meu companheiro de viagem em um certo lugar durante as férias de verão. Naquela ocasião, conheci um jovem rapaz que também parecia solitário e resolveu me fazer companhia. Como estávamos hospedados no mesmo hotel, logo passamos a fazer juntos todas as refeições e vários passeios. No terceiro dia à tarde ele me informa que aguarda pela esposa, que chegaria no início da noite com o trem expresso. Aquilo despertou meu interesse psicológico, pois havia notado pela manhã que o meu companheiro recusara o convite que eu havia feito para uma caminhada mais longa e nem quisera fazer o nosso breve passeio por conta de um trajeto que lhe parecia muito íngreme e perigoso. E durante o passeio da noite ele afirmou, de uma hora para outra, que eu provavelmente já estava com fome e não deveria adiar o meu jantar, e que ele iria aguardar pela chegada da esposa para jantar com ela. Compreendi o recado e sentei-me à mesa enquanto ele seguia para a estação. Voltamos a nos encontrar na manhã seguinte, no saguão do hotel. Ele me apresentou a esposa e acrescentou: "O senhor nos acompanha para o café da manhã?". Eu precisava tomar providências em uma rua próxima e assegurei que logo estaria de volta. Ao entrar no salão, vejo que o casal se acomodou ao lado de uma pequena janela e que os dois sentavam-se do mesmo lado. Do lado oposto havia uma poltrona obstruída pelo longo e volumoso casaco do marido sobre o encosto. Logo entendi o sentido daquela escolha, que era muito evidente, embora não proposital. Ela queria dizer: você perdeu o lugar, é dispensável agora. O marido não percebeu que eu estava parado diante da mesa sem lugar para me sentar, ao contrário da esposa, que logo cutucou o marido e sussurrou para ele: "Você deixou o senhor sem lugar".

Essas e outras experiências semelhantes me fazem pensar que as ações executadas sem intenção transformam-se inevitavelmente em fonte de desentendimentos nas relações humanas. Quem executa uma ação e desconhece inteiramente a intenção a ela vinculada não a atribui a si próprio e não se considera responsável por ela. A outra pessoa, em contrapartida, na medida em que as ações do parceiro lhe permitem inferir as suas intenções e preferências, descobre muito mais a respeito dos processos psíquicos do estranho do que ele se dispõe a admitir e acredita ter comunicado. Este, no entanto, fica indignado quando apresentamos as inferências que foram obtidas a partir de suas ações sintomáticas; declara-as infundadas porque não tem consciência a respeito da intenção de executá-las e queixa-se da falta de compreensão do outro. Esses desentendimentos consistem, se examinados com precisão, em um entendimento minucioso e exagerado. Quanto maior o "nervosismo" de duas pessoas, mais oportunidades terão para criar desavenças cujos motivos elas recusam com firmeza para si próprias e dão como certos para a outra. Talvez seja essa a punição pela insinceridade interna; pelo fato de as pessoas, sob o pretexto do esquecimento, do descuido e da ausência de intenções, concederem expressão a sentimentos que, caso não conseguissem controlar, admitiriam mais facilmente para si e para os outros. Em termos bastantes gerais, podemos assegurar que toda pessoa conduz uma análise psíquica do próximo e por isso o conhece melhor do que a si própria. A obediência ao preceito *γνῶθι σεαυτὸν*[134] passa pelo estudo das próprias ações e omissões que aparentam ser ocasionais.

## *IX. Equívocos*[135]

Os equívocos da memória diferem do esquecimento com erros de recordação sob um único aspecto: o fato de que o equívoco (o erro de recordação) não é reconhecido como tal e, na verdade, suscita crença. Mas o emprego da expressão "equívoco" parece estar condicionado a mais uma coisa. Falamos em "equívoco" no lugar de "falsa lembrança" quando é necessário enfatizar no material psíquico que é reproduzido o seu caráter de realidade objetiva, ou seja: quando é necessário recordar algo que não era um fato da minha própria vida psíquica; algo que, na verdade, poderia ser confirmado ou contestado pela recordação de outras pessoas.

Em meu livro *A interpretação dos sonhos*[136] fui responsável por uma série de falsificações de matérias históricas e até mesmo factuais que só vim a perceber com espanto após a publicação do livro. Ao examiná-las mais atentamente, descobri que

---

134 Do grego, *gnôthi seautón*: "conhece a ti mesmo" [N.T.].

135 Este será o décimo capítulo, a partir da edição de 1907 [N.T.].

136 Freud. S. (1900). *Die Traumdeutung*. Leipzig/Wien: Deuticke.

não haviam brotado do meu desconhecimento e, na verdade, vinculavam-se a equívocos da memória que foram explicados pela análise.

a) Na p. 266, refiro-me à cidade de *Marburgo*, um nome que também está presente na Estíria, como a terra natal de Schiller. O equívoco aparece na análise de um sonho que ocorreu numa viagem noturna, do qual fui despertado pelo condutor, que anunciava o nome da estação de Marburgo. No conteúdo do sonho alguém pergunta por um livro de Schiller. Acontece que Schiller não nasceu na cidade universitária de *Marburgo*, e sim na suábia *Marbach*. Também penso que sempre soube disso.

b) Na p. 135, o nome *Asdrúbal* aparece como pai de *Aníbal*. Esse equívoco me deixou particularmente irritado, mas reforçou ainda mais a minha compreensão desses equívocos. Talvez poucos leitores do livro conhecessem a história dos bárcidas tão bem quanto o autor que redigiu esse erro e não o percebeu depois de três correções das provas. O pai de Aníbal chamava-se *Amílcar* Barca: *Asdrúbal* era o nome do irmão de Aníbal e também o nome de seu cunhado e antecessor no comando.

c) Nas pp. 177 e 370, afirmo que *Zeus* castra seu pai *Cronos* e o retira do trono. Entretanto, avancei equivocadamente essa atrocidade por uma geração: na mitologia grega, *Cronos* a executa contra seu pai *Urano*.[137]

Como explicar que a minha memória trouxesse informações infiéis sobre essas questões, se no restante ela me oferece

137 Em português brasileiro, as três passagens encontram-se respectivamente em: Freud, S. (1900/2019). *A interpretação dos sonhos* (P. C. de Souza, trad.). São Paulo: Companhia das Letras, pp. 506, 237, 301 e 680 [N.E.].

o material mais excêntrico e incomum, como podem comprovar os leitores do livro? E como explicar ainda que em três cuidadosas revisões de provas esses equívocos aparecessem na minha frente, como se eu estivesse cego?

A respeito de Lichtenberg já se afirmou[138] que ali onde ele fez um chiste há um problema oculto.[139] É possível dizer algo parecido a respeito das mencionadas passagens do meu livro: onde um equívoco aparece, há um recalcamento que se esconde por trás dele. Em termos mais precisos: uma insinceridade, uma deformação que ao fim está apoiada em um material recalcado. Por um lado, a análise dos sonhos compartilhados ali obrigou-me, pela natureza dos temas relacionados aos pensamentos do sonho, a interromper a análise em algum ponto antes que ela recebesse um acabamento, e por outro a abrandar algum pormenor indiscreto com uma leve deformação. Eu não possuía uma alternativa e não havia escolha caso realmente quisesse apresentar exemplos e comprovações; meu dilema era a consequência necessária de uma característica do sonho: conceder expressão a um material recalcado, isto é, sem acesso

138 A partir da edição de 1907: "Goethe afirmou a respeito de Lichtenberg..." [N.T.].

139 Georg C. Lichtenberg (1742-1799) foi um matemático e físico lembrado principalmente como escritor satírico. As muitas anotações que fez em seus cadernos, repletos de monólogos, aforismas e ocorrências cotidianas — além de anotações sobre sonhos, citações, cálculos e esboços de possíveis projetos —, renderam a admiração de figuras como Schopenhauer, Kant e Tolstói. A frase goethiana referida no texto é a seguinte: "Podemos usar os escritos de Lichtenberg como a mais maravilhosa forquilha de radiestesia; onde ele faz uma graça, há um problema oculto" — no lugar de *Spaß* [graça], Freud utiliza o termo *Witz* [chiste]. Cf. Goethe, J. W. von (1850). *Sämmtliche Werke* (Vol. 3). Stuttgart/Tübingen: Cotta, p. 276 [N.E.].

à consciência. Mesmo assim havia restado o suficiente para escandalizar os espíritos mais delicados. Mas a deformação ou a ocultação dos pensamentos subsequentes que eram conhecidos por mim não eliminou todos os vestígios. Aquilo que eu queria reprimir soube muitas vezes forçar sua entrada no material que eu havia admitido, emergindo para mim como um equívoco que eu não havia percebido. Aliás, na base dos três exemplos indicados está presente o mesmo tema: os equívocos procedem de pensamentos recalcados que tratam do meu falecido pai.

ad. a) Quem fizer a leitura do sonho analisado na p. 266 poderá descobrir, em parte sem disfarce algum, em parte acompanhando indícios, que eu fiz uma interrupção onde há pensamentos que trariam uma crítica pouco amistosa do pai. Na sequência dessa linha de pensamentos e lembranças está uma história desagradável na qual aparecem livros e um comerciante amigo do meu pai, e cujo sobrenome é *Marburgo*, o mesmo nome que me havia despertado do sono quando houve a chamada na estação ferroviária do Sul com esse mesmo nome. Eu queria esconder esse senhor Marburgo de mim e dos leitores durante a análise; porém, ele se vinga aparecendo onde não devia e alterando o nome da terra natal de Schiller de *Marbach* para *Marburgo*.

ad. b) O equívoco *Asdrúbal* em vez de *Amílcar*, o nome do irmão no lugar do nome do pai, aparece justamente em um contexto que faz referência às fantasias dos meus anos de colégio sobre Aníbal e à minha insatisfação com a atitude do meu pai em relação aos "inimigos do nosso povo". Eu poderia seguir adiante e dizer o quanto a minha relação com meu pai mudou com uma viagem à Inglaterra, na qual conheci o meio-irmão de um casamento anterior que lá vivia. Meu irmão tem um filho mais velho com a minha idade; portanto, a diferença entre as idades não era um obstáculo para as fantasias sobre como tudo seria diferente caso eu nascesse filho do meu irmão, e não do meu pai. Essas fantasias reprimidas falsearam então o texto do meu livro naquele ponto em que interrompi a análise, obrigando-me a colocar o nome do irmão no lugar do nome do pai.

ad. c) Atribuo o avanço da atrocidade no universo da mitologia grega em uma geração à influência da recordação desse mesmo irmão. Por muito tempo uma advertência dele me ficou gravada na memória: "Quando for seguir com a sua vida, não se esqueça de uma coisa", ele me dissera, "você não pertence à segunda, e sim à terceira geração iniciada pelo pai". O nosso pai se havia casado novamente em uma idade avançada e era muito mais velho que os filhos do segundo casamento. Eu cometo o equívoco mencionado no livro justamente ao abordar a piedade entre pais e filhos.

Houve ainda algumas ocasiões em que amigos e pacientes cujos sonhos eu relatava, ou aos quais aludia durante a análise do sonho, advertissem que o meu relato sobre as circunstâncias das nossas experiências comuns era impreciso. Estes seriam, mais uma vez, equívocos históricos. Depois dessas retificações, examinei caso por caso e novamente me convenci de que a minha lembrança dos fatos concretos era infiel somente ali onde eu havia deliberadamente deformado ou escondido alguma coisa. Aqui novamente aparece *um equívoco despercebido como o substituto para uma ocultação ou um recalcamento deliberado.*

Estão nitidamente separados desses equívocos que derivam do recalcamento os outros devidos a uma real ignorância.

Foi por ignorância, por exemplo, que acreditei ter chegado ao local onde residia o revolucionário Fischhof[140] durante uma excursão pelo Wachau. São dois locais que têm em comum apenas o nome: a Emmersdorf de Fischhof fica na Caríntia. Mas eu não sabia disso.

As pessoas provavelmente não estão inclinadas a considerar muito numerosa ou particularmente relevante a classe dos equívocos para a qual ofereço explicação. Mas quero indagar se não haveria razão para estendermos a mesma perspectiva à apreciação dos *juízos equivocados* dos humanos na vida e na ciência, que são incomparavelmente mais importantes. Somente os espíritos mais extraordinários e harmoniosos parecem capazes de resguardar a percepção da realidade externa contra a desfiguração que ela normalmente experimenta ao atravessar pela individualidade psíquica daqueles que a percebem.

## X. Determinismo — A crença no acaso e na superstição — Perspectivas[141]

Como resultado geral para a série de investigações precedentes podemos apresentar a seguinte compreensão: *certas deficiências das nossas produções psíquicas* — cujo caráter comum receberá logo adiante uma definição — *e certos gestos aparentemente desprovidos de intenção demonstram ser, quando aplicamos a*

140 Adolf Fischhof (1816-1893), escritor e político austro-húngaro de origem judia, foi um dos líderes dos movimentos revolucionários que eclodiram em 1848, conhecidos como "Primavera dos Povos" [N.E.].

141 Este será o décimo segundo capítulo, a partir da edição de 1907 [N.T.].

*eles o procedimento da investigação psicanalítica, suficientemente motivados e determinados por motivos que são desconhecidos para a consciência.*

Para ser incluído na classe dos fenômenos que recebem essa explicação, um ato falho psíquico deve cumprir as seguintes condições:

a) Não pode ultrapassar uma certa medida que é definida pela nossa avaliação e está assinalada pela expressão "dentro dos limites da normalidade".

b) Deve possuir o caráter de uma perturbação momentânea e temporária. Nós devemos ter executado anteriormente a mesma operação de forma mais correta ou ter sempre a confiança de que poderíamos executá-la mais corretamente. Quando uma outra parte nos corrige, devemos admitir imediatamente que a retificação era correta e o nosso próprio processo psíquico, incorreto.

c) Nos casos em que percebemos o ato falho, não podemos suspeitar de alguma motivação interna, e na verdade devemos estar inclinados a explicá-lo como uma "desatenção" ou tomá-lo por um "acidente".

Permanecem, portanto, neste grupo os casos de deslembrança[142] e aqueles equívocos que contrariam algo que sabemos; os deslizes de fala, leitura e escrita; os descuidos e as chamadas "ações ocasionais".[143] A composição com o prefixo *des-* assinala

142 No original, *Vergessen*. A tradução por "deslembrança" (em vez de "esquecimento") nesta passagem serve apenas para reforçar a natureza morfológica do argumento apresentado por Freud [N.T.].

143 Esta frase e a seguinte serão separadas por parágrafos na última edição, de 1924 [N.T.].

a semelhança linguística que a maior parte desses fenômenos compartilha. Mas a explicação dos processos psíquicos que recebem essa definição conduz a uma série de observações que podem, em parte, despertar um interesse maior.

I. Ao aceitar que uma parcela das nossas produções psíquicas não pode ser explicada por metas, apreciamos de modo incorreto o alcance da determinação na vida anímica. Ela chega até esse ponto e ainda alcança domínios mais distantes do que supomos. No ano de 1900, encontrei em um ensaio do historiador da literatura R. M. Meyer, no *Die Zeit*, a demonstração e a explicação a partir de exemplos para o fato de que é impossível compor, de maneira proposital e deliberada, alguma coisa que não faça sentido.[144] Sei há muito tempo que nenhuma pessoa é capaz de permitir que lhe ocorra livremente um número nem tampouco um nome, por exemplo. Uma investigação a respeito do número composto de forma aparentemente involuntária — com várias casas decimais, por exemplo —, como por

---

144 As únicas contribuições do autor que puderam ser localizadas no referido periódico até a data deste texto são de out. 1896 e jan. 1901; nenhuma delas, porém, trata do tema mencionado por Freud. Richard M. Meyer (1860-1914) foi, além de historiador da literatura, um prolífico germanista, formando-se com um dos mais influentes estudiosos da área, o célebre Wilhelm Scherer (1841-1886). Considerado pioneiro no estudo dos chavões, Meyer havia publicado, no ano mencionado por Freud, um volume sobre o assunto contendo uma grande quantidade de exemplos — cf. Meyer, R. M. (1900). *Vierhundert Schlagworte* [Quatrocentos chavões]. Leipzig: Teubner. Além disso, interessava-lhe o campo da semiologia, avançando, alguns anos mais tarde, antes mesmo do estabelecimento da semântica estrutural, importantes ideias de caráter sistêmico — como a de que que cada termo presente em uma determinada língua codetermina os demais. Cf. Meyer, R. M. (1910). Bedeutungssysteme [Sistemas semânticos]. *Zeitschrift für vergleichende Sprachforschung auf dem Gebiete der Indogermanischen Sprachen*, 43(4), pp. 352-368 [N.E.].

brincadeira ou presunção, comprova a rigorosa determinação que nenhuma pessoa realmente considerava possível. Quero apresentar agora uma análise minuciosa do exemplo de um prenome que foi escolhido involuntariamente, e em seguida do exemplo análogo de um número que foi "inventado sem pensar".

α) Enquanto preparo a publicação da história clínica de uma das minhas pacientes, penso qual nome devo atribuir a ela nesse trabalho. As opções são aparentemente diversas; alguns nomes estão excluídos logo de saída, a começar pelo nome verdadeiro e, a seguir, os nomes de minhas parentes, que eu teria repelido, além de nomes com uma sonoridade muito peculiar, por exemplo; mas, para mim, esse nome não deveria representar um problema, exceto nesses casos. Era de esperar, e eu próprio espero, que nomes femininos se apresentem para mim aos bandos. Surge em vez disso um único, sem a companhia de um segundo: o nome *Dora*. Pergunto por sua determinação. Quem se chama *Dora*, afinal? Incrédulo, eu talvez quisesse recusar a seguinte ideia, que me diz que esse é o nome da babá na casa da minha irmã. Porém, minha autodisciplina ou prática de análise é tanta que agarro essa ideia e sigo a sua trama. E logo me ocorre um incidente da noite anterior que traz a determinação que eu procurava. Sobre a mesa da sala de jantar da minha irmã eu havia visto uma carta endereçada à "Senhorita Rosa W.". Pergunto, surpreso, de quem era aquele nome, e sou informado de que a suposta Dora se chama, na verdade, Rosa, e que foi obrigada a deixar de lado o seu nome ao ser admitida na residência, pois minha irmã poderia entender que alguma pessoa que chamasse por "Rosa" estivesse se referindo a ela própria. "Essa pobre gente", lamentei, "não consegue manter nem mesmo o próprio nome!" Recordo agora que permaneci em silêncio por um instante e comecei a pensar em várias coisas que eram muito sérias e conduziam a pontos obscuros que eu poderia, mesmo assim, tornar conscientes sem esforço naquele momento. Enquanto procurava no dia seguinte pelo nome de uma pessoa *a quem não era permitido manter o próprio*, não me ocorreu nenhum outro exceto "Dora". A exclusividade se deve, nesse caso, a uma relação sólida de conteúdo, pois na história da minha paciente havia uma criada, uma preceptora que trabalhava na casa de uma outra pessoa, e que também exerceu uma influência decisiva no curso do tratamento.[145]

β) Anuncio por carta ao meu amigo[146] que acabo de encerrar a correção de *A interpretação dos sonhos* e não pretendo modificar mais nada no livro, "mesmo que ele tenha *2.467* erros". Tento explicar na mesma hora esse número e acrescento a breve análise como um pós-escrito à carta.[147] Vale mais a pena citar

---

145 Freud escreve o célebre "Caso Dora" em 1901, mas o publica apenas quatro anos depois. Cf. Freud, S. (1905). Bruchstück einer Hysterie-Analyse. *Monatsschrift für Psychiatrie und Neurologie*, *18*(4), pp. 285-310; (5), pp. 408-467. Em português brasileiro: Freud, S. (1905/2016). Análise fragmentária de um caso de histeria. In *Três ensaios sobre a teoria da sexualidade, análise fragmentária de uma histeria (o caso Dora) e outros textos* (pp. 173-320; P. C. de Souza, trad.) (Obras completas, Vol. 6). São Paulo: Companhia das Letras [N.E.].

146 A partir da edição de 1907: "a um amigo" [N.T.].

147 Trata-se da carta de Freud a Fliess em 27 de agosto de 1899. Como aponta Jeffrey M. Masson, com base em missiva posterior (24 de setembro de 1900), sabe-se que Freud pediu ao interlocutor que lhe devolvesse o referido pós-escrito — razão pela qual, entre as cartas guardadas por Fliess, ele não estava presente. É esse o conteúdo utilizado por Freud aqui, na longa autocitação que vem em seguida. Cf. Masson, J. M. (org.). (1986). *A correspondência completa de Sigmund Freud para Wilhelm Fliess* (V. Ribeiro, trad.). Rio de Janeiro: Imago, pp. 368-370 [N.E.].

agora o que escrevi no momento em que peguei a mim mesmo de surpresa:

> Aqui vai uma outra contribuição, bem rápida, à psicopatologia da vida cotidiana. Você encontra na carta o número 2.467 como uma estimativa arbitrária e exagerada dos erros que serão encontrados no livro dos sonhos. Isso só quer dizer: algum número muito grande, e então aparece este. Acontece que, no domínio psíquico, nada é arbitrário ou indeterminado. Por isso você também espera, e com razão, que o inconsciente tenha se apressado em determinar o número que o consciente havia deixado livre. Pois bem, eu havia lido pouco antes no jornal que um general E. M. passara para a reserva como General da Artilharia. Você deve saber que me interesso por esse homem. Quando eu estava prestando serviço militar como médico aprendiz, ele, então ainda coronel, entrou em licença saúde e disse para o médico: "O senhor precisa me curar em uma semana porque o Imperador aguarda pelo trabalho que estou fazendo". Foi quando decidi acompanhar a carreira daquele homem, e veja só: ele a está encerrando agora (1899) como General da Artilharia e já passou para a reserva. Quis calcular quanto tempo ele levou para fazer esse percurso, partindo do fato de que eu o havia visto no hospital em 1882. Seriam 17 anos, portanto. Conto isso para a minha esposa e ela observa: "Quer dizer então que você também já devia se aposentar?" E eu respondo em protesto: "Deus me livre". Depois dessa conversa eu me sento à mesa para escrever para você. Mas os pensamentos anteriores seguem adiante, e por

um bom motivo. A conta estava errada; tenho uma referência segura na memória para este caso. Quando completei a maioridade, ou seja, no meu aniversário de **24** anos, eu estava detido pelo serviço militar (porque não recebi dispensa e decidi não me apresentar). Quer dizer, isso foi em 1880, há 19 anos. E aqui você tem o número **24** de 2.467! Pegue a idade que tenho agora, acrescente 24 anos e você terá **67**! Ou seja, para a pergunta sobre o meu interesse pela aposentadoria, acrescentei o desejo de trabalhar outros 24 anos. Fico ressentido, é claro, porque avancei muito pouco nesse intervalo em que acompanhei o coronel M., e mesmo assim quase triunfante porque ele alcançou o seu ponto final enquanto tudo ainda me resta pela frente. Por isso, existem motivos para afirmar que nem mesmo o número 2.467, que inventei sem pensar, escapa à determinação a partir do inconsciente.

Depois desse primeiro exemplo de explicação para um número arbitrariamente escolhido, repeti muitas vezes o mesmo experimento com resultados semelhantes; mas na maioria dos casos o conteúdo é tão íntimo que eles não se prestam a uma comunicação.[148] Duas coisas chamam minha atenção nessas análises: primeiro, a certeza francamente sonâmbula com a qual avanço para uma meta que não conheço, mergulhando em cálculos e pensamentos que alcançam em seguida o número procurado, e a velocidade com a qual acontece toda a parte

148 Esta frase e a seguinte são separadas por parágrafos a partir da edição de 1907 [N.T.].

final do trabalho; em segundo lugar, porém, uma circunstância: o fato de que os números se encontram prontamente à disposição do meu pensamento inconsciente, sendo que não faço contas muito bem e enfrento grandes dificuldades para guardar os números de anos, residências e coisas semelhantes de forma consciente. Nessas operações intelectuais com números eu percebo, além disso, uma tendência à superstição cuja proveniência desconheço até o momento.[149] Deparo-me quase sempre com especulações sobre a duração da minha vida e das pessoas que mais estimo, e um dos elementos determinantes dessas brincadeiras inconscientes deve ser o fato de que meu amigo em Berlim elegeu o tempo de vida dos seres humanos como objeto dos seus cálculos, que adotam as unidades biológicas como fundamento. Acontece que não concordo com uma das premissas adotadas por ele nesse caso; por razões egoístas, gostaria muito que ele estivesse com a razão e aqui, aparentemente, imito esses cálculos à minha maneira.[150]

II. Compreender a determinação de nomes e números escolhidos de um modo aparentemente involuntário talvez ajude a esclarecer outro problema. Sabemos que, para opor-se à suposição de um determinismo psíquico integral, muitas pessoas recorrem a um singular sentimento de convicção em nome da existência de um livre-arbítrio. Esse sentimento de convicção

149 A partir da edição de 1907: "uma tendência à superstição cuja proveniência eu ignorava até então". Essa mesma edição também elimina o trecho restante desse parágrafo, após as palavras "Deparo-me" [N.T.].

150 Para mais informações sobre o pendor numerológico que Freud compartilhava com o "amigo em Berlim" (Wilhelm Fliess), bem como um exemplo desses cálculos ao seu modo, cf. Freud, S. (1919/2021). *O incômodo* (P. S. de Souza Jr., trad.). São Paulo: Blucher, p. 86 [N.E.].

existe e não suplanta a crença no determinismo. A exemplo de todos os sentimentos normais, é necessário que alguma coisa ofereça uma justificativa para ele. Até onde tenho condições de observar, ele não se manifesta naquelas decisões voluntárias maiores e relevantes; nessas ocasiões cada um tem, pelo contrário, a sensação de uma coerção psíquica e nela encontra um apoio ("Estou aqui, é isso que devo fazer"). Em contrapartida, no caso das decisões triviais e indiferentes, deseja-se a garantia de que seria igualmente possível agir de outro modo, que seria possível agir com base no arbítrio livre e não motivado. Mas, de acordo com as nossas análises, não é necessário contestar a legitimidade do sentimento de convicção presente no livre-arbítrio. Se for introduzida a distinção entre a motivação do consciente e a motivação do inconsciente, o sentimento de convicção irá então nos informar que a motivação consciente não é extensiva a todas as nossas deliberações motoras. *Minima non curat praetor.*[151] O que permanece livre de um dos lados irá receber a motivação do outro lado, do inconsciente, e assim a determinação no domínio psíquico é levada integralmente a efeito.

III. Embora o conhecimento da motivação dos atos falhos que foram apresentados deva, pela situação que os envolve, estar fora do alcance do pensamento consciente, uma prova psicológica de sua existência seria algo desejável; por razões trazidas por um melhor conhecimento do inconsciente, é na verdade provável que possamos localizar essas provas. Em dois domínios é possível comprovar efetivamente fenômenos que

151 Do latim, "o pretor não trata de insignificâncias" (pessoa em alta posição não se preocupa com ninharias) [N.E.].

parecem corresponder a um conhecimento inconsciente, e por isso deslocado, dessas motivações.

α) Um traço evidente e muito notado do comportamento dos paranoicos é o fato de que eles atribuem um significado gigantesco a detalhes mínimos na atitude de outras pessoas, aos quais geralmente não concedemos atenção, e os interpretam e fundamentam outras novas conclusões a partir deles. Por exemplo, o último paranoico que examinei inferiu que ao redor dele existia um consenso geral porque na estação de trem as pessoas realizavam antes da partida um certo movimento com as mãos. Um outro anotava de qual modo as pessoas caminhavam pela rua ou manuseavam suas bengalas etc.[152]

O paranoico recusa, portanto, o emprego da categoria do acaso para a vida psíquica dos outros, algo que a pessoa normal admite para os seus próprios atos, e atos falhos, psíquicos. Tudo o que ele percebe no outro possui significado, tudo está sujeito à interpretação. Como chega a esse ponto? É provável que ele projete na vida anímica do outro aquilo que existe na sua própria de modo inconsciente, aqui e em outros casos semelhantes. Na paranoia avançam até a consciência coisas as mais diversas, cuja existência no inconsciente só comprovamos por intermédio da psicanálise.[153] Isso quer dizer que o para-

---

152 A partir de uma outra perspectiva, essa mesma avaliação atribuiu as manifestações acidentais e desimportantes de outras pessoas ao "delírio relacional".

153 As fantasias histéricas de abusos cruéis e sexuais que a análise torna conscientes por vezes coincidem até nos detalhes com as queixas persecutórias do paranoico, por exemplo. É algo notável, mas não incompreensível, que um conteúdo idêntico também apareça diante de nós como uma realidade nas manobras dos perversos para satisfazerem os seus apetites.

noico tem alguma razão nesse aspecto, ele reconhece alguma coisa que a pessoa normal deixa escapar, o seu olhar é mais agudo do que a faculdade normal do pensamento; porém, o deslocamento do conteúdo que é reconhecido por essa via na direção de outras pessoas o torna sem valor. Ninguém deve esperar de minha parte uma justificação para cada uma das interpretações paranoicas. Mas a parcela de legitimidade que iremos conceder à paranoia torna mais simples para nós a compreensão psicológica da convicção que o paranoico vinculou a todas essas interpretações. *Alguma coisa ali é verdadeira*; os nossos juízos equivocados, que não devem ser designados como patológicos, também adquirem o sentimento de convicção que lhes pertence de uma maneira que não é diferente. Para uma determinada parcela dos pensamentos equivocados, ou para a fonte da qual provém, esse sentimento é legítimo e, em seguida, nós o estendemos ao restante do contexto.

β) Uma outra indicação do conhecimento inconsciente e deslocado das motivações em atos falhos e ocasionais está presente no fenômeno da superstição. Para explicar minha posição, gostaria de trazer à discussão uma breve ocorrência que serviu como ponto de partida para essas reflexões.

Eu retorno de férias e meus pensamentos logo se voltam para os pacientes com os quais devo me ocupar no ano de trabalho que está iniciando. O caminho passa primeiro pela senhora muito idosa em quem executo há vários anos as mesmas manipulações médicas duas vezes ao dia. Por causa dessa uniformidade, é muito frequente que pensamentos inconscientes encontrem uma expressão no trajeto que me leva até a paciente e no contato que mantenho com ela; faz sentido, portanto, perguntar no começo de um novo ano quanto tempo de vida ainda lhe resta. No dia em que estou descrevendo, tenho pressa e por isso pego um coche que irá me deixar na frente de sua casa. Os cocheiros da praça em frente à minha casa sabem o endereço da velha senhora, pois todos eles já me levaram para lá inúmeras vezes. E nesse dia acontece que o cocheiro não para em frente à casa dela, e sim em frente a uma casa com o mesmo número, numa rua paralela próxima que é, de fato, muito parecida. Eu noto o equívoco e chamo a atenção do cocheiro, que se desculpa. O fato de terem me levado até uma casa onde não encontro a velha senhora significa alguma coisa? Para mim é certo que não, mas se fosse *supersticioso* eu enxergaria nesse incidente um presságio, um aviso do destino, de que este será o último ano da velha senhora. Muitos presságios que foram preservados pela história certamente apoiaram-se em um simbolismo que não é mais apurado do que esse. *Eu*, no entanto, explico essa ocorrência como um incidente que não possui qualquer outro sentido.

O caso seria inteiramente outro se fizesse o trajeto a pé, "pensando à toa", "distraído", e chegasse na frente da casa da rua paralela. Não designaria isso de modo algum como um acidente, e sim como uma ação com um propósito inconsciente que requer uma interpretação. Eu provavelmente deveria interpretar esse "descaminho" como a afirmação de que espero em breve não mais reencontrar a velha senhora.

Entre mim e o supersticioso existe, portanto, a seguinte diferença:

Não acredito que um evento no qual a minha vida psíquica não toma parte possa me revelar alguma coisa oculta acerca da configuração futura da realidade; mas certamente acredito que uma manifestação imotivada da minha própria atividade psíquica me revele alguma coisa oculta, que por sua vez pertence apenas à minha vida anímica; posso acreditar no acaso exterior (real), mas não em acasos internos (psíquicos). O supersticioso acredita no contrário: ele não encontra motivação alguma para as suas ações ocasionais e seus atos falhos, ele acredita na existência de acasos psíquicos; em compensação, está inclinado a atribuir ao acaso exterior um significado que irá manifestar-se em acontecimentos reais, a enxergar no acaso um modo de expressão para algo que está do lado de fora e permanece oculto para ele. São duas as diferenças entre mim e o supersticioso: primeiro, ele projeta para o exterior uma motivação que eu procuro no interior; segundo, ele usa um acontecimento para interpretar esse acaso que eu vinculo a um pensamento. Mas o oculto, no caso dele, corresponde, no meu, ao inconsciente, e a compulsão a não admitir o acaso apenas como um mero acaso é um elemento comum a ambos.

Presumo que esse desconhecimento consciente e conhecimento inconsciente da motivação dos acasos psíquicos seja uma das raízes psíquicas da superstição. É *porque* o supersticioso nada sabe a respeito da motivação de suas próprias ações ocasionais, e porque essa motivação pressiona por um lugar no qual ela encontre o reconhecimento, que ele é forçado a situar a motivação no mundo exterior pela via do deslocamento. Caso exista uma conexão dessa ordem, é muito difícil que ela fique restrita a esse único caso. Creio, na verdade, que uma grande parcela da concepção mitológica acerca do mundo, que se estende para além das religiões mais modernas, *não é nada menos que a psicologia projetada no mundo exterior.* O conhecimento obscuro a respeito dos fatores psíquicos[154] e das proporções do inconsciente espelha-se — será necessário o auxílio da analogia com a paranoia, é difícil usar outras palavras — na construção de uma *realidade suprassensível* que deve ser novamente transformada pela ciência em uma psicologia do inconsciente. Seria até possível buscar uma solução dessa ordem para os mitos do Paraíso e da Queda, de Deus, do Bem e do Mal, da imortalidade etc., converter a *metafísica* em *metapsicologia.* O hiato entre o deslocamento do paranoico e o deslocamento do supersticioso não é tão grande quanto aparenta à primeira vista. Quando os humanos começaram a pensar, sabemos que foram obrigados a decompor antropomorficamente o mundo exterior em uma profusão de personalidades à sua própria semelhança; isso significa que os casos que eles interpretavam com a superstição eram ações, expressões de pessoas, e que, portanto, eles se comportavam exatamente como os paranoicos que extraem conclusões a partir dos menores indícios que os outros lhe oferecem, e como todas as outras pessoas saudáveis que adotam as ações ocasionais e imotivadas dos seus semelhantes como base para avaliar as suas características. A superstição parece descabida somente na nossa concepção moderna e científico-natural, embora incompleta, acerca do mundo. Na concepção de mundo dos tempos e povos pré-científicos, ela era legítima e consequente.

O romano que desistia de uma tarefa importante se fosse acompanhado pelo voo de uma ave funesta estava relativamente

154 A partir da edição de 1907, é acrescentado um parêntese após "O conhecimento obscuro": "(as assim chamadas percepções endopsíquicas)" [N.T.].

correto; de acordo com as suas premissas, sua ação era consequente. Mas, quando abandonava uma tarefa porque havia tropeçado na soleira da sua porta ("Un Romain retournerait"[155]), ele provava que era infinitamente superior a nós, incrédulos, e que conhecia a alma mais do que nos empenhamos em conhecer. Pois esse tropeço devia comprovar para ele a existência de uma dúvida, de uma contracorrente dentro dele, cuja força poderia separar-se da força da sua intenção no momento em que ela fosse executada. A certeza do pleno sucesso só está garantida quando todas as forças anímicas apontam unidas na direção do alvo desejado. Qual é a resposta do Tell de Schiller, que hesita longamente antes de atirar na maçã sobre a cabeça do seu menino, à pergunta do bailio sobre a segunda flecha que ele carregava?

> Com a segunda trespassava... o senhor
> Se inexperto o meu filho eu atingisse,
> E o *senhor*... eu *não* errava decerto.[156]

IV. Quando tive a oportunidade de relatar, tempos atrás, exemplos de esquecimento de nome acompanhados por uma

---

155 Do francês, "um romano retrocederia". Durante a campanha da Rússia, que ocorreu em 1812, quando Napoleão chega montado à beira de um rio que corre silenciosamente à sombra das imensas florestas do inimigo, seu cavalo tropeça e perde os arções. Ouve-se então o grito, não se sabe exatamente de quem: "Mau presságio... Um romano retrocederia". Cf. Scott, W. (1827). *Vie de Napoleon Bonaparte...* [Vida de Napoleão Bonaparte] (Vol. 13). Paris: Gosselin, p. 286 [N.E.].

156 Schiller, F. (1804/1900). *Wilhelm Tell: Schauspiel in fünf Aufzügen* [Guilherme Tell: peça em cinco atos]. Leipzig: Reclam, p. 107 — Ato III, Cena 3, versos 2060-2062, traduzidos por Paulo Sérgio de Souza Jr. [N.T.].

análise para um colega que possui formação filosófica, ele logo rebateu: "Isso parece excelente, mas quando esqueço um nome, tudo acontece de outro jeito". É impossível imaginar que tudo seja assim tão simples; não acredito que o meu colega tivesse pensado uma única vez em analisar o esquecimento de um nome; ele não soube, além disso, explicar o que havia de diferente no seu caso. Mas a sua observação toca de fato em um problema que muitas pessoas estão inclinadas a trazer para o primeiro plano. A resolução que oferecemos aqui para as ações falhas e ocasionais vale para todos os casos ou somente para alguns, e sob quais condições podemos, no último caso, nos apoiar sobre ela para explicar fenômenos que surgiram por alguma outra via? Minha experiência não me ajuda a responder essa pergunta. Posso apenas desaconselhar a ideia de que a conexão assinalada seja algo raro, pois nos testes que realizei comigo mesmo e com meus pacientes ela sempre foi comprovada com segurança, tal como nos exemplos apresentados, ou pelo menos ofereceram boas razões para presumi-las. Não causa surpresa que não se possa encontrar em todos os casos o sentido oculto da ação sintomática, uma vez que a magnitude da resistência interna que se opõe à solução representa um fator decisivo. Também não temos condições para interpretar cada um dos nossos sonhos ou dos sonhos dos pacientes; avançar por um trecho da conexão que estava encoberta é o suficiente para confirmar a validade geral da teoria. O sonho refratário a uma tentativa de solução feita no dia seguinte muitas vezes permite que o seu segredo seja extraído uma semana ou um mês depois, quando a ocorrência de uma mudança real rebaixou as valências psíquicas que estavam em desacordo. O mesmo vale para as ações falhas e sintomáticas; o lapso de fala do exemplo "rolando pela Europa" na página 85 concedeu-me a oportunidade de mostrar como um sintoma no início insolúvel torna-se acessível para a análise quando arrefece o *interesse real* pelo pensamento recalcado. Enquanto existia a possibilidade de que meu irmão obtivesse o cobiçado título antes de mim, o referido lapso de leitura resistiu a todos os sucessivos esforços de análise; quando ficou claro que essa deferência era improvável, subitamente abriu-se para mim o caminho que conduzia à sua resolução. Seria, portanto, incorreto afirmar que todos os casos que resistem à análise derivam de um mecanismo psíquico diferente daquele que foi descoberto aqui; essa suposição requer outras provas além das negativas. A provável disposição de todas as pessoas saudáveis a acreditar em uma explicação diferente para as ações falhas e sintomáticas também carece inteiramente de força comprobatória; evidentemente ela é uma manifestação das mesmas forças psíquicas que haviam produzido o segredo e que por isso atuam pela sua manutenção e se mobilizam para que ele não seja elucidado.

Por outro lado, não podemos ignorar que os pensamentos e os impulsos recalcados não adquirem por sua própria conta uma expressão como ações sintomáticas e falhas. A possibilidade técnica desse deslizamento das inervações deve ser independente em relação a eles; o propósito daquilo que foi recalcado, que consiste em tornar-se presente na consciência, irá servir-se de bom grado dessa possibilidade. As minuciosas investigações dos filósofos e filólogos a respeito dos lapsos de fala (ver página 53) empenharam-se em determinar quais as relações estruturais e funcionais que esse propósito tem à sua disposição. Essa separação entre o motivo inconsciente e as relações fisiológicas e psicofísicas que vão ao seu encontro, e que é efetuada no interior das condições das ações falhas e sintomáticas, leva-nos a perguntar se dentro dos limites de uma condição saudável existem outros fatores, como o motivo inconsciente ou algo que o substitua, capazes de produzir ações falhas e sintomáticas alinhadas com essas relações. Não está nos meus planos oferecer uma resposta para essa pergunta.

V. A partir das explicações a respeito do lapso de fala, nós nos limitamos a demonstrar que os atos falhos possuem uma motivação oculta e abrimos caminho para conhecer essa motivação com o auxílio da psicanálise. Até o momento, praticamente não levamos em consideração a natureza geral e as particularidades dos fatores psíquicos que adquirem uma expressão nos atos falhos, e certamente ainda não tentamos determiná-los com maior precisão ou examinar a sua regularidade. Nem mesmo agora iremos arriscar alguma solução mais precisa para a questão, pois os primeiros passos logo irão nos mostrar que é possível avançar melhor por essa região a partir de um outro ponto. Aqui é possível formular diversas perguntas que eu desejo apenas mencionar e circunscrever: 1. Qual o conteúdo e a proveniência dos pensamentos e impulsos que são aludidos pelas ações falhas e acidentais? 2. Sob quais condições um pensamento ou sentimento é compelido e adquire condições para empregar esses incidentes como um meio de expressão? 3. É possível comprovar relações constantes e precisas entre os tipos de ato falho e as qualidades do material que adquire expressão por intermédio deles?

Começarei pela apresentação de alguns materiais que respondem à última pergunta. Na explicação dos exemplos de lapsos de fala, consideramos que era necessário ir além do conteúdo da fala pretendida e que devíamos procurar a causa da perturbação da fala fora dessa intenção. Essa causa era evidente numa série de casos e a consciência do falante a conhecia. Nos exemplos que pareciam mais simples e transparentes, tratava-se de uma outra versão, legítima à primeira vista, do mesmo pensamento que havia perturbado a sua expressão, sem que seja possível definir por que uma não teve êxito e a outra havia encontrado uma passagem (as contaminações de Meringer e Mayer). Em um segundo conjunto de casos, a falta de êxito de uma das versões havia sido motivada por uma ponderação que, no entanto, não mostrou força suficiente para uma retenção completa ("*surjaram*"). A versão que ficou retida também era nítida para a consciência. Apenas do terceiro conjunto podemos afirmar, sem restrições, que o pensamento perturbador seja diferente do pensamento pretendido; e aqui podemos, ao que tudo indica, estabelecer uma diferença fundamental. O pensamento perturbador ou mantém uma ligação com o pensamento perturbado por associações de pensamentos (perturbação por contradição interna) ou é completamente alheio a ele, e a palavra que sofre a perturbação está ligada ao pensamento perturbador — *geralmente* inconsciente — por uma associação superficial que provoca estranheza. Nos exemplos que retirei de minhas psicanálises, a fala sofre em sua totalidade a influência simultânea de pensamentos que se tornaram ativos, embora sejam inteiramente inconscientes, que se deixam trair ou pela própria perturbação (*cascavel-de-quatro-ventas – Cleópatra*) ou manifestam uma influência indireta por tornarem possível que partes isoladas da fala consciente que era pretendida perturbem umas às outras (*azoar o nariz* e rua *Hasenauer*, que encobre reminiscências de uma moça francesa). Os pensamentos retidos ou inconscientes nos quais tem início a perturbação da fala possuem origens muito diversas. Por isso, esse panorama não nos aponta o caminho para uma generalização.

O exame comparado dos exemplos de lapsos de leitura e escrita oferecem os mesmos resultados. Tal como no lapso de fala, o surgimento de alguns desses casos deve-se aparentemente a um trabalho de condensação que não teria motivação (p. ex: o *maçaco*). Entretanto, gostaríamos de saber se o cumprimento de condições específicas não seria necessário para que entre em ação esse deslocamento que é regular no trabalho do sonho e inconstante em nosso pensamento de vigília, e os próprios exemplos não oferecem uma explicação a esse respeito. Mas eu não aceitaria que isso levasse à conclusão de que não existem outras condições além do arrefecimento da atenção consciente, por exemplo: pois sei, por uma outra perspectiva, que os dispositivos automáticos se caracterizam justamente por serem precisos e confiáveis. Em vez disso prefiro assinalar aqui, como ocorre com frequência na biologia, que as circunstâncias normais ou próximas à normalidade são objetos menos favoráveis para a investigação do que as circunstâncias patológicas. Aquilo que permanece obscuro na explicação dessas perturbações mais leves irá, de acordo com a minha expectativa, conquistar nitidez com a explicação das perturbações mais graves.

Não faltam igualmente exemplos de lapsos de leitura e escrita que deixam entrever uma motivação mais distante e intricada. "Rolando pela Europa" é uma perturbação de leitura explicada pela influência de um pensamento afastado e completamente alheio que tem origem em um impulso recalcado de ciúme e ambição, e que utiliza a permuta da palavra "*condução*" para ligá-la ao tema neutro e indiferente que aparecia na leitura. No caso *Burckhard*, o próprio nome faz essa "permuta".

É inegável que as perturbações das funções da fala surgem com mais facilidade e demandam das forças perturbadoras menos que as outras produções psíquicas.

Pertence a um outro terreno o exame do esquecimento no sentido próprio, isto é, do esquecimento de experiências passadas (seria possível uma separação entre o esquecimento *sensu strictori*[157] e o esquecimento de nomes próprios e palavras estrangeiras que aparece nas seções I e II, como um "deixar escapar algo"; e o esquecimento de propósitos, como um "deixar algo de fora"). As condições elementares do processo normal do esquecimento são desconhecidas. Além disso, estamos advertidos de que nem todas as coisas que julgamos esquecidas caíram no esquecimento. Nossa explicação diz respeito somente aos casos em que o esquecimento nos causa estranheza por infringir a regra segundo a qual as coisas sem importância são esquecidas, mas tudo o que é importante fica preservado pela memória. A análise dos exemplos de esquecimento que nos pareciam exigir uma explicação específica mostrou todas as vezes que o motivo do esquecimento era uma aversão à lembrança de alguma coisa com capacidade para despertar sensações penosas. E assim passamos a supor que esse motivo geralmente luta para se manifestar na vida psíquica, mas é impedido de firmar-se com regularidade por outras forças

157 Do latim, "em sentido mais estrito" [N.E.].

que atuam na direção contrária. Ao que parece, o alcance e o significado dessa aversão à lembrança de impressões penosas merecem o mais cuidadoso exame psicológico; e não devemos apartar desse contexto maior a questão relacionada às condições que tornam possível em cada caso o esquecimento que normalmente é almejado.

Um outro fator ocupa o primeiro plano quando um propósito é esquecido. Aqui torna-se palpável o conflito antes apenas presumido, quando a recordação penosa a ele relacionada havia sido recalcada; e, pela análise dos exemplos, reconhecemos com regularidade uma contravontade que faz oposição ao propósito sem suprimi-lo. A exemplo dos atos falhos que foram relatados no princípio, aqui reconhecemos dois processos psíquicos: ou a contravontade está integralmente voltada contra o propósito (no caso das intenções com uma certa relevância), ou é inteiramente alheia ao propósito e estabelece a sua ligação com ele por uma associação *superficial* (no caso dos propósitos praticamente sem importância).

Os fenômenos de descuido são dominados pelo mesmo conflito. O impulso que se manifesta como uma perturbação da ação é, com frequência, um contraimpulso; e, com frequência ainda maior, um impulso completamente estranho, que somente aproveita uma circunstância para expressar-se como uma perturbação da ação no momento em que ela é executada. Os casos nos quais a perturbação decorre de uma contradição interna são os mais significativos e também dizem respeito às intervenções mais importantes.

O conflito interno, então, retrocede mais e mais no caso das ações acidentais ou sintomáticas. Essas manifestações motoras que a consciência desconsidera ou sequer percebe servem para expressar as mais variadas emoções inconscientes ou impedidas; são geralmente uma representação simbólica de fantasias ou desejos.

Quanto à primeira pergunta, relacionada à proveniência dos pensamentos e emoções que conquistam uma expressão nos atos falhos, pode-se dizer que em diversos casos é simples comprovar que os pensamentos perturbadores provieram de emoções reprimidas da vida anímica. Não é raro que sentimentos e impulsos de egoísmo, ciúme e antipatia que enfrentam o peso dos ensinamentos morais tirem proveito da via dos atos falhos para manifestar o inegável poder que exercem sobre as pessoas saudáveis, embora as instâncias psíquicas superiores não o reconheçam. A permissão que é concedida a essas ações falhas e acidentais corresponde, em grande parte, a uma cômoda tolerância diante da imoralidade. Entre estas emoções reprimidas, o papel das mais variadas correntes sexuais não é pequeno. Se eles só aparecem raramente nos pensamentos que a análise descobriu nos meus exemplos, isso é uma circunstância do material. Como submeti à análise sobretudo exemplos da minha própria vida anímica, minha seleção foi parcial desde o início e orientou-se pela exclusão dos elementos sexuais. Em outros casos, os pensamentos perturbadores pareciam ter origem em críticas e considerações sem qualquer relevância.

E agora devemos responder a segunda pergunta, ou seja, quais as condições psicológicas para que um pensamento deva procurar a sua expressão não em sua forma completa, mas, em vez disso, como uma perturbação e modificação quase parasitária de algum outro. Os exemplos mais flagrantes de ações falhas indicam que se deve procurar essa condição em uma relação com a capacidade de acesso à consciência, em um caráter mais ou menos pronunciado do "recalcado". Mas a investigação da série de exemplos dissolve esse caráter em indícios cada vez mais vagos. A inclinação a descartar alguma coisa como uma perda de tempo — a avaliação de que aquele pensamento, na verdade, não tem relação com a coisa procurada — parece desempenhar o mesmo papel da condenação moral de um sentimento inconveniente ou de pensamentos com uma origem inteiramente inconsciente, quando se rechaça um pensamento que depois encontra a sua expressão como perturbação de outro pensamento. Por esse caminho não é possível compreender a natureza geral daquilo que condiciona os atos falhos e ocasionais. Essas investigações nos trazem um único fato importante; quanto mais inócua a motivação do ato falho, menos ofensivo — e, portanto, menos incapaz de acesso à consciência — o pensamento que com ele conquista uma expressão, e também mais suave se torna a resolução do fenômeno quando se concede atenção para ele; os casos mais suaves de lapso de fala são imediatamente percebidos e corrigidos de modo espontâneo. Ali onde a motivação lida com emoções que foram efetivamente recalcadas, a solução requer uma análise cuidadosa que pode enfrentar dificuldades ou ser malsucedida em algum momento.

É razoável, portanto, que o resultado dessa última investigação sirva como advertência para o fato de que a explicação satisfatória das condições psicológicas das ações falhas e ocasionais deve ser obtida por outro caminho e a partir de outra perspectiva. Que o leitor benevolente possa então enxergar essa discussão como um sinal dos pontos de ruptura a partir dos quais esse tema foi extraído, um tanto artificialmente, de um contexto mais abrangente.

VI. Algumas palavras breves devem ao menos indicar qual a direção que conduz a esse contexto mais amplo. O mecanismo das ações falhas e ocasionais, tal como o conhecemos pela aplicação da análise, revela em pontos essenciais uma concordância com o mecanismo da formação do sonho que expus na seção "Trabalho do sonho" do meu livro sobre a interpretação de sonhos. Tanto lá como cá, encontramos condensações e formações de compromisso (contaminações); trata-se da mesma situação: pensamentos inconscientes encontram expressão por vias incomuns, passando por associações superficiais, como uma modificação de outros pensamentos. Os despropósitos, absurdos e equívocos do conteúdo do sonho, em razão dos quais o sonho mal é reconhecido como um produto da atividade psíquica, são gerados como os erros comuns da nossa vida cotidiana, mas certamente com um emprego mais livre dos recursos existentes; *tanto lá como cá, dissolve-se a aparência de funcionamento incorreto pela singular interferência entre duas ou mais atividades corretas*. Uma conclusão importante deve ser extraída dessa convergência: não é permitido atribuir o modo particular de trabalho, cujo produto mais notável reconhecemos no conteúdo do sonho, ao estado de sono da vida anímica, se as ações falhas nos oferecem testemunhos tão ricos da sua eficácia durante a vigília. Esse mesmo contexto também nos proíbe considerar que uma desagregação extrema da vida anímica, um estado patológico da função, seja condição para esses processos psíquicos que nos parecem estranhos e anormais.

A avaliação correta do inusitado trabalho psíquico do qual surgem tanto as ações falhas como as composições do sonho torna-se possível quando descobrimos que os sintomas psiconeuróticos, especialmente as formações psíquicas da histeria e da neurose obsessiva, repetem todas as características fundamentais desse modo de trabalho no seu mecanismo. Portanto, a continuação de nossas investigações partiria desse ponto. Porém, a observação das ações falhas, ocasionais e sintomáticas sob a luz desta última analogia possui ainda um outro interesse no nosso caso. Quando as equiparamos aos produtos das psiconeuroses, duas afirmações recorrentes adquirem fundamento e sentido: que a fronteira entre a norma e a anormalidade nervosa é fluida e que somos todos ligeiramente nervosos. É possível conceber, mesmo sem experiência médica alguma, diferentes tipos desse nervosismo — as *formes frustes* das neuroses[158] — que foi apenas inferido: casos nos quais só aparecem poucos sintomas, ou nos quais eles aparecem raramente ou sem vigor, cujos limites estão situados na extensão, na intensidade e na duração; talvez não seja possível descobrir de imediato o tipo que aparentemente efetua a transição entre a saúde e a doença. O tipo que temos diante de nós, cujas manifestações patológicas são as ações falhas e sintomáticas, caracteriza-se justamente pelo fato de que os sintomas são transportados para as produções psíquicas menos relevantes, enquanto todas as outras coisas que podem reivindicar um valor psíquico elevado ficam livres

158 Do francês, "formas frustas". No contexto das enfermidades, trata-se daquelas em que os sintomas são atenuados e o quadro clínico se apresenta de modo incompleto [N.E.].

de perturbação. A alocação inversa dos sintomas — sua presença nas produções individuais e sociais mais relevantes, com a capacidade para impedir a alimentação, o intercurso sexual, o trabalho e a convivência social — comparece nos casos mais severos de neurose e os caracteriza melhor que a multiplicidade ou o vigor das manifestações patológicas.

No entanto, a característica comum dos casos mais leves e também dos mais graves, de que as ações falhas e acidentais também participam, consiste na *possível remissão dos fenômenos a um material que não foi integralmente reprimido, que foi afastado da consciência e, mesmo assim, não perdeu por completo a capacidade de se manifestar.*

# Prefácio à edição húngara

*Előszó a magyar kiadáshoz (1923)*

**SÁNDOR FERENCZI (1873-1933)**, oriundo da Hungria setentrional, estudou medicina em Viena entre 1890 e 1894, onde teve a oportunidade de acompanhar palestras do renomado psiquiatra alemão Richard von Krafft-Ebing — dentre elas, uma sobre hipnose. Foi nesse contexto que chegou a ler o recém-publicado trabalho de Breuer e Freud sobre a histeria, apagando-o da memória até se encontrar pessoalmente, quinze anos depois, com o segundo autor. Em 1898, quando da publicação de "O mecanismo psíquico do esquecimento", Ferenczi — de volta ao seu país, após concluir a graduação — recebe uma oferta de emprego como médico assistente na ala de "doenças obscenas" do Hospital Rókus. Fascinado por fenômenos ocultos, no tempo livre fazia experiências com escrita automática, publicando no ano seguinte um texto sobre espiritismo. Guiado pelos seus interesses, consegue em 1900 um cargo na ala neurológica de outra instituição, onde pode se dedicar ao estudo das neuroses e das enfermidades psiquiátricas. E é no mesmo ano em que Freud publica a primeira versão de "A psicopatologia", em periódico, que o médico Fülöp Stein tenta, sem sucesso, chamar a atenção de Ferenczi para *A interpretação dos sonhos*. Só que primeiro será preciso conhecer Jung em Budapeste, visitar o Burghölzli e iniciar experimentos com associação para, em seguida, dar ouvidos ao amigo: insistente, Stein torna a apresentar a pesquisa freudiana sobre os sonhos em 1907 e, no ano seguinte, acompanha Ferenczi numa visita ao autor, que marcaria o início de uma frutífera colaboração. E se anos mais tarde ele situa *A psicopatologia*, agora já em livro, na abertura de uma série de traduções húngaras da obra de Freud — considerando-a "a mais natural *introdução* ao mistério da alma inconsciente" —, talvez não seja excessivo entrever aí um aceno dos esquecimentos que estiveram presentes em sua própria entrada na psicanálise.

# Prefácio à edição húngara[1]

*A psicopatologia da vida cotidiana* é o primeiro volume de uma série que tornará acessível ao público leitor húngaro as obras deste que marcou época, o professor Freud. Significativos aspectos justificam ser precisamente este volume o primeiro da série. Esta obra do criador da análise anímica é mesmo a mais natural *introdução* ao mistério da alma inconsciente,

1 Tradução do húngaro efetuada por Paulo Sérgio de Souza Jr. a partir de texto publicado na edição magiar — realizada a partir da sétima e penúltima edição do original alemão de *A psicopatologia da vida cotidiana* —, que veio a público na sequência das edições russa (1909; O. Medem, trad.), polonesa (1912; L. Jekels & H. Ivanka, trad.), inglesa (1914; A. A. Brill, trad.), holandesa (1916; J. Stärcke, trad.) e espanhola (1922; L. Lopez-Ballesteros y de Torres, trad.). Cf. Freud, S. (1920/1923). *A mindennapi élet pszichopatológiája (az elfelejtés, elszólás, balfogás, babona és tévedés)* (M. Takács, trad.). Budapest: Világirodalom Könyvkiadó Vállalat.

que só pode ser alcançado, por meio de intricadíssimos caminhos de pensamento, a partir das pesquisas oníricas, da neurose e das obras da alma popular. Além do mais, os fatos da "psicopatologia cotidiana" também podem ser detectados e dissecados em si por cada indivíduo, cujo trabalho analítico pode ser um preparativo para a análise de formações anímicas mais complexas.

Contudo, para além de seu valor didático, oferecemos aqui em tradução húngara uma obra de altíssima significância também teórica. O que até agora foi mencionado apenas teoricamente — que as formas saudáveis e patológicas de manifestação confluem, sem fronteiras nítidas, no campo anímico — ganha aqui uma comprovação baseada em dados. Pode-se imaginar o quanto com isso aumentou a nossa capacidade de compreensão e percepção das doenças mentais de fato, bem como dos demais estados anímicos excepcionais. Por meio de centenas de exemplos surpreendentes, Freud continua demonstrando aqui o domínio do *determinismo* no campo anímico, o qual desconhece exceções, e o que isso significa do ponto de vista tanto filosófico quanto prático — especialmente psicológico-criminal — quase não se faz necessário dizer; contudo, também o pedagogo pode aprender muito com esta obra, especialmente por meio da interpretação da infância e das ditas memórias "encobridoras". Mesmo os círculos inteiramente distantes da ciência não podem escapar por completo da influência desta obra, que, contrariamente a muitos outros livros médicos causadores de hipocondria, chega a oferecer consolo, pois demonstra que muitos "atos falhos", até então explicados pela atividade cerebral patológica, são, na verdade, o modo de funcionamento de uma mente sadia que funciona logicamente — muito embora influenciada por tendências inconscientes.

A tradução tentou se ater, palavra por palavra, ao original alemão e, quando não foi possível de outro modo, subordinou os aspectos formais ao conteúdo. Somente em alguns casos foi inevitável ilustrar os exemplos alemães com exemplos húngaros correspondentes.

Posfácio

# A linguagem do equívoco

**ANDRÉ CARONE (1970- )** é professor do Departamento de Filosofia da Universidade Federal de São Paulo. Doutor em filosofia pela Universidade Federal de São Carlos e tradutor, conduz pesquisas sobre as relações entre filosofia e psicanálise.

# A linguagem do equívoco

Compreendi finalmente uma coisa pequena, da qual eu suspeitava há muito tempo. Você conhece o caso no qual um nome escapa a uma pessoa e no seu lugar aparece o pedaço de algum outro nome que ela jura ser o correto, mas sempre acaba sendo o errado. Passei por isso recentemente com o nome do poeta que escreveu *Andreas Hofer* [...]: com certeza ele terminava em -au, Lindau, Feldau. O homem evidentemente se chama Julius *Mosen*, o "Julius" não havia me escapado. Logo depois consegui provar 1) que eu havia recalcado o nome "Mosen" por conta de relações determinadas, 2) que um material infantil havia participado desse recalcamento, 3) que os nomes substitutos que apareceram haviam emergido de ambos os grupos de materiais como

> sintomas. A análise não deixou lacunas e infelizmente não posso trazê-la a público, a exemplo do meu grande sonho. Tivemos uma experiência parecida em Berlim com o esquecimento [...].[1]

Esse trecho final de uma carta de Freud enviada no mês de agosto de 1898 para o médico berlinense Wilhelm Fliess, seu amigo e confidente, representa bem mais do que uma curiosidade ou uma simples indiscrição. Nela nós também encontramos um pequeno fragmento da autoanálise iniciada por ele três anos antes e extensamente documentada na correspondência com o amigo. A interpretação dos seus próprios sonhos é o elemento central da investigação que Freud realiza sobre si mesmo, mas certamente não é o único. Por isso não surpreende que o livro *A interpretação dos sonhos*, que seria publicado no mês de novembro de 1899, prenuncie investigações futuras sobre temas como o humor e as brincadeiras com a linguagem, as fontes infantis da sexualidade, a psicologia da criação literária ou ainda as ligeiras desatenções, os esquecimentos e outras "pequenas perturbações funcionais no cotidiano de pessoas sadias"[2] que dão origem aos dois trabalhos inicialmente publicados pela *Monatsschrift für Psychiatrie und Neurologie* [*Revista Mensal de Psiquiatria e Neurologia*] e agora estão reunidos neste livro: "O mecanismo psíquico do esquecimento", lançado no mês de dezembro de 1898, e "A psicopatologia da vida cotidiana

---

1 Carta de Freud a Fliess de 26 de agosto de 1998. Cf. Masson, J. M. (org.). (1985). *Briefe an Wilhelm Fliess*. Frankfurt am Main: Fischer, p. 354.

2 Cf. neste volume: Freud, S. (1901). A psicopatologia da vida cotidiana..., p. 123.

(esquecimentos, lapsos de fala, descuidos) seguida por observações acerca de uma raiz da superstição", um texto que soma oitenta e uma páginas divididas inicialmente em dez capítulos e publicado em dois números sucessivos da revista, nos meses de julho e agosto de 1901.

"O mecanismo psíquico do esquecimento" será republicado sem modificações ou acréscimos nas posteriores edições alemãs da obra de Freud, enquanto "A psicopatologia" receberá um novo título ao ser transformada em livro, no ano de 1904. Nos vintes anos seguintes, o livro passa por dez edições diferentes, recebe uma extraordinária ampliação que praticamente triplica a sua extensão e insere modificações no texto-base da versão original de 1901.

A presente tradução foi realizada a partir dos textos publicados em periódico e reproduz, na medida do possível, a composição de suas edições originais.

## *De 1898 a 1901: o nascimento de* A psicopatologia da vida cotidiana

O breve artigo de 1898 examina o fenômeno do esquecimento, um tema que não era novo nas investigações até então realizadas por Freud, e que passa agora a ser examinado sob um novo ponto de vista: não se trata mais da compreensão da amnésia histérica,[3] nem mesmo das deformações e inversões de

3 A título de mera ilustração, vale lembrar a célebre formulação presente na abertura dos *Estudos sobre a histeria* – "os histéricos sofrem predominantemente de reminiscências" (Freud, S. *Gesammelte Werke* (Vol. 1). Frankfurt am Main: Fischer

lembranças na neurose obsessiva ou na paranoia, e sim daqueles esquecimentos comuns, que "todas as pessoas certamente já experimentaram em si próprias ou observaram em outras".[4] Isso significa que agora passamos do terreno dos distúrbios e do adoecimento psíquico para a esfera da psicologia normal na *vida cotidiana*. Freud recorda a ocasião em que ele havia esquecido o nome do pintor Signorelli, no lugar do qual lhe ocorrem os nomes (sabidamente equivocados) de outros dois pintores: Boltraffio e Botticelli. Sua breve análise permitiu que ele determinasse quais influências lhe fizeram esquecer o nome Signorelli e por quais caminhos ele havia chegado aos "nomes substitutos" Boltraffio e Botticelli. Seu esquecimento, a exemplo de algum sintoma histérico ou de outros fenômenos neuróticos, era sobredeterminado e podia ser remetido ao mesmo jogo entre forças psíquicas inconscientes que comparecem nos processos patológicos da paranoia, da histeria, das fobias e das neuroses obsessivas.

O percurso traçado pelo breve artigo de 1898 apresenta um acontecimento da vida comum, oferece para ele uma interpretação e estabelece analogias com os processos psíquicos das psiconeuroses para esboçar, a seguir, um modelo explicativo que articula noções como recalcamento, formação substituta,

---

Taschenbuch Verlag, p. 86) – ou a nova menção às parafasias no início do quarto capítulo desta versão da "Psicopatologia": a parafasia havia sido um elemento importante na refutação das teses localizacionistas dos distúrbios de linguagem em sua monografia *Sobre a concepção das afasias*. (Freud, S. A concepção das afasias: um estudo crítico. In S. Freud & L. A. Garcia-Roza, *Afasias* (R. D. Mundt, trad.). Rio de Janeiro, Zahar, 2014.)

4 Cf. neste volume: Freud, S. (1898). "O mecanismo psíquico do esquecimento", p. 15.

conflito e compromisso. "A psicopatologia", publicada pela mesma revista em 1901, preserva integralmente essa configuração, enriquecendo-a a partir de dentro com outros pequenos distúrbios da vida comum: lapsos de fala e escrita; descuidos, extravios e perda de objetos. Gestos pequenos e ações quase automáticas somam-se à categoria do esquecimento para formar uma nova tessitura de fenômenos nos quais também seria possível descobrir um significado oculto que comprova a existência de pensamentos e propósitos inconscientes, tal como revelavam as investigações dos "sintomas psiconeuróticos" e das "formações psíquicas da histeria e da neurose obsessiva" que "repetem todas as características fundamentais desse modo de trabalho no seu mecanismo".[5] Essa multiplicidade de distúrbios quase invisíveis, aos quais geralmente não atribuímos valor algum, encontra sua expressão no título extenso e sinuoso dessa versão inicial de "A psicopatologia" e nos versos do *Fausto* de Goethe que antecedem a primeira frase do texto: "Tantos espíritos atravessam o ar/ que ninguém os saberia evitar".[6]

O primeiro capítulo do "A psicopatologia" de 1901 apresenta novamente o esquecimento do nome Signorelli em uma versão ligeiramente modificada e passa, em seguida, ao esquecimento de nomes estrangeiros no segundo capítulo, um tema que oferece a Freud a oportunidade para "acrescentar mais um exemplo à minha coleção".[7] Novas categorias e subcategorias são

5 Cf. neste volume: Freud, S. (1901). A psicopatologia da vida cotidiana..., p. 179.

6 Cf. neste volume: Freud, S. (1901). A psicopatologia da vida cotidiana..., p. 31.

7 Cf. neste volume: Freud, S. (1901). A psicopatologia da vida cotidiana..., p. 43.

apresentadas nos capítulos seguintes; seus exemplos são submetidos à análise e breves explorações teóricas cujo horizonte é relativamente estreito: as considerações a respeito dos processos psíquicos não possuem (nem aqui nem nas diversas edições de *A psicopatologia* como livro) o alcance ou a profundidade das teses do capítulo final de *A interpretação dos sonhos*. Uma boa parte dos exemplos é retirada de sua clínica pessoal ou de outras fontes, como o conhecido exemplo *aliquis*, apresentado no segundo capítulo. Freud se vê obrigado a retirar exemplos de sua "auto-observação" e reconhece a existência de casos nos quais "o conteúdo é tão íntimo que eles não se prestam a uma comunicação":[8] o caráter biográfico e a imposição de limites que resguardam a privacidade são traços comuns ao texto de 1901 e ao seu ainda recente livro sobre os sonhos. O método de investigação é o mesmo para os dois casos: ele consiste em percorrer "uma série complexa de associações, partindo dos primeiros pensamentos da pessoa que interrogamos até a descoberta do elemento perturbador" que se oculta em meio a este "material inconsciente".[9]

Os pontos de contato entre sonhos, neuroses e todas as pequenas perturbações da vida cotidiana produzem sucessivos movimentos de aproximação e distanciamento na série de exemplos e interpretações apresentadas por Freud no texto de 1901: ora as analogias parecem reveladoras em razão do conteúdo que trazem à tona (como no caso dos tropeços e passos em falso que expressam "fantasias inconscientes com

---

8 Cf. neste volume: Freud, S. (1901). A psicopatologia da vida cotidiana..., p. 160.

9 Cf. neste volume: Freud, S. (1901). A psicopatologia da vida cotidiana..., p. 61.

conteúdo sexual",[10] ora elas ultrapassam os limites do objeto que foi escolhido para estudo, como no caso da semelhança entre certos equívocos da memória e as formações delirantes ("Por pertencer à psicologia das neuroses, esse tema escapa ao contexto que abordamos"[11]). Uma paciente comete um ato falho enquanto relata um sonho, como fizera antes o próprio Freud numa passagem de *A interpretação* que ele mesmo recupera nesse texto, e o ganho teórico da aproximação entre sonho e atos falhos é anunciado em termos bastante claros: "Os despropósitos, absurdos e equívocos do conteúdo do sonho, em razão dos quais o sonho mal é reconhecido como um produto da atividade psíquica, são gerados tal como os erros comuns da nossa vida cotidiana".[12] Limitar-se a objetos de estudo que fazem parte do cotidiano implica o risco de parecer banal,[13] enquanto aproximar excessivamente esse objeto de outros poderia transformá-lo em mero indício ou analogia para temas ou objetos que deveriam pertencer a outras investigações. Mas nem por isso o texto de 1901 deixa de abrir espaço para a especulação; por exemplo, a formulação geral que postula que "a estratificação, a estrutura formada por instâncias sobrepostas umas às outras, revela-se como o princípio arquitetônico do

10 Cf. neste volume: Freud, S. (1901). A psicopatologia da vida cotidiana..., p. 131.

11 Cf. neste volume: Freud, S. (1901). A psicopatologia da vida cotidiana..., p. 109.

12 Cf. neste volume: Freud, S. (1901). A psicopatologia da vida cotidiana..., p. 178.

13 Cf. neste volume: Freud, S. (1901). A psicopatologia da vida cotidiana..., p. 119.

aparelho anímico"[14] — ainda que tais instâncias sejam apenas mencionadas e não recebam um nome no corpo do texto.

Diversas passagens transmitem ao leitor a impressão de que as formulações de caráter sistemático não possuem uma grande importância para o texto de 1901: "meu único propósito consiste em reunir e avaliar cientificamente essas coisas do cotidiano", vemos Freud admitir a certa altura, sem maiores rodeios.[15] Mas essa dinâmica que abre maior espaço para a investigação do cotidiano e só avança com muita cautela nos rumos da especulação e das comparações com a clínica certamente não é um privilégio do texto de 1901. Na décima edição de *A psicopatologia da vida cotidiana*, publicada em 1924, uma nota de rodapé reafirma de modo convincente a mesma avaliação feita mais de vinte anos antes: "Este trabalho", escreve Freud,

> possui um caráter estritamente popular e apenas pretende abrir caminho, pela soma dos exemplos, para a necessária suposição de processos anímicos que são inconscientes e mesmo assim eficazes, evitando considerações teóricas sobre a natureza deste inconsciente.[16]

Lembremos mais uma vez que em 1901 "A psicopatologia" ainda não era um livro, menos ainda o respeitável volume de trezentas e dez páginas publicado em 1924 na série dos

14 Cf. neste volume: Freud, S. (1901). A psicopatologia da vida cotidiana..., p. 108.

15 Cf. neste volume: Freud, S. (1901). A psicopatologia da vida cotidiana..., p. 119.

16 Freud, S. (1924/1999). *Zur Psychopathologie des Alltagslebens (Über Vergessen, Versprechen, Vergreifen, Aberglaube und Irrtum)* (Gesammelte Werke, Vol. 4). Frankfurt am Main: Fischer, p. 302.

*Gesammelte Schriften* [*Escritos Reunidos*], registro da última edição autorizada pelo autor, e que seria reimpressa sem modificações cinco anos adiante, em 1929. A composição do texto irá sofrer alterações profundas em um intervalo de pelo menos vinte anos, mas tudo parece indicar que o seu programa irá permanecer o mesmo. Para saber se "A psicopatologia" de fato permanece a mesma enquanto muda, ou se as transformações do livro irão afastá-la de sua composição original, será necessário recompor brevemente o percurso de sua elaboração e avaliar uma história editorial que apenas teve início no ano de 1901.

## *História de um livro*

*A psicopatologia da vida cotidiana* é publicada como livro em 1904 por Samuel Karger, e não por Franz Deuticke (à época o editor de confiança dos trabalhos científicos e psicanalíticos de Freud, que publicara sua monografia sobre as afasias, os *Estudos sobre a histeria* e *A interpretação dos sonhos*) nem por Hugo Heller (frequentador dos primeiros encontros da "Sociedade Psicanalítica das Quartas-Feiras" e futuro editor de revistas psicanalíticas e vários outros títulos assinados por Freud). O motivo da escolha parece simples: como Samuel Karger era responsável pela publicação da *Revista Mensal de Psiquiatria e Neurologia,* era natural que o texto fosse novamente publicado pela mesma editora em uma "reimpressão corrigida" [*durchgesehene Abdruck*]. O livro de 1904 incorpora pequenas alterações: algumas expressões ou palavras são substituídas e outras são ligeiramente modificadas. Entretanto, o título será modificado: o trabalho passa a se chamar *A psicopatologia da vida cotidiana (sobre esquecimentos, lapsos de fala, descuidos, superstição e equívoco)*, sendo o trecho entre parênteses um subtítulo, que aparece em letras menores abaixo do título principal. A substituição da revista pelo livro também tornou necessária uma modificação da frase de abertura: onde se lia, no texto de 1901: "No ano de 1898, publiquei nesta revista",[17] agora se lê: "No ano de 1898, publiquei na *Revista Mensal de Psiquiatria e Neurologia...*". Exceto por essas duas mudanças, a revisão de 1904 é discreta e não inclui novos acréscimos ou esclarecimentos, seja no corpo do texto, seja em seu rodapé.

A segunda edição em livro, publicada em 1907, oferece um novo panorama. São criados dois novos capítulos: o terceiro, "O esquecimento de nomes e sequências de palavras"; e o penúltimo, "Atos falhos combinados" — o que resultou em uma alteração quase completa da numeração dos capítulos. O capítulo reservado às "lembranças encobridoras" (que antes era o terceiro e agora torna-se o quarto) recebe acréscimos e um novo título: "Sobre lembranças infantis e lembranças encobridoras". Freud também irá deslocar uma nota de rodapé do segundo capítulo com um conteúdo autobiográfico (que traz referências à mãe e ao relacionamento entre os irmãos) para o corpo do texto do terceiro capítulo, e irá eliminar uma passagem do último capítulo que assinalava a proximidade entre as teorias biológicas do amigo Wilhelm Fliess e a superstição.

A terceira edição (1910) novamente é ampliada por acréscimos e pequenas correções ao texto-base publicado em 1901: o texto agora possui cento e quarenta e nove páginas.

---

17 Cf. neste volume: Freud, S. (1901). A psicopatologia da vida cotidiana..., p. 32.

A editora berlinense volta a publicar o livro em duas edições posteriores, nos anos de 1912 e 1917. Em 1919, *A psicopatologia da vida cotidiana* passa a ser publicada pela Internationaler Psychoanalytischer Verlag [Editora Psicanalítica Internacional], onde ainda será republicada em quatro edições: 1920, 1922, 1923 e, por fim, o quarto volume dos *Escritos Reunidos* de Sigmund Freud, publicado em 1924.

A exemplo das edições anteriores, o volume de 1924 acolhe novas contribuições, mas também modifica passagens do texto-base de 1901. As sucessivas edições publicadas entre 1912 e 1923 haviam somente ampliado o livro sem efetuar novas modificações de trechos anteriores. Uma passagem na qual manifesta o seu desapreço pelas relações entre mestres e discípulos (com uma referência direta a Charcot) é inteiramente suprimida nessa edição final, e algumas passagens redigidas mais de vinte anos antes recebem ligeiras modificações.

Uma história da composição completa de *A psicopatologia da vida cotidiana* certamente exigiria um exame de todas as etapas dessa atividade editorial. Somos obrigados aqui a realizar uma simples comparação entre o texto de 1901 e o conjunto abrangente dos acréscimos, modificações e transformações que foram efetuadas posteriormente. Se afirmamos, por exemplo, que o capítulo sobre os "Atos falhos combinados" foi acrescentado à edição de 1907, é necessário advertir que ele apenas começou a ser publicado naquele ano, quando contava somente com cinco parágrafos: novos acréscimos viriam depois nas edições de 1912, 1917, 1919 e 1924. A sequência dos exemplos apresentados no livro também passa por sucessivas mudanças. Eis aqui uma ilustração desse processo: no capítulo sobre os lapsos de fala, Freud intercala um exemplo de 1917 em meio a uma série de nove exemplos publicados em 1901, e depois acrescenta vinte e nove exemplos (publicados em diferentes reedições), mas as observações teóricas que encerram o capítulo são as mesmas que constavam da publicação de 1901. A reorganização sucessiva desses materiais certamente cria dificuldades para o leitor que queira comparar esta edição brasileira com outras publicações de *A psicopatologia da vida cotidiana* que reproduzem integralmente a edição de 1924, a última autorizada pelo autor.

O crescimento rápido e constante do livro a partir da edição de 1907 deve-se em boa parte à colaboração de outros psicanalistas, algo que não poderia acontecer em 1901, porque naquele momento a psicanálise era praticada apenas e tão somente pelo autor de "A psicopatologia". Mesmo assim, parece razoável afirmar que nos anos seguintes o seu propósito e a sua concepção permanecem iguais: o livro continua a reunir uma "coleção" de exemplos, tal como Freud anunciara em 1901, e, no entanto, eles passam a depender menos de sua auto-observação e começam a ser compartilhados por outros observadores treinados na técnica analítica, como Ernest Jones, Sándor Ferenczi, Theodor Reik, Carl Gustav Jung e Otto Rank, entre outros. O percurso dessas exposições é semelhante: pequenos distúrbios da vida cotidiana são relatados e materiais inconscientes relacionados a eles vêm à tona, acompanhados por uma tentativa de interpretação; tenta-se, em seguida, estabelecer alguma correlação entre os diversos tipos de atos falhos ou entre um ato falho e um sintoma neurótico, ou entre os atos falhos e a vida onírica. Mais raramente ensaia-se alguma tese de caráter geral após essa pequena exposição. No entanto, esse percurso completo só ocorre poucas vezes: muito mais comum é a exposição de uma sequência de breves exemplos ou vinhetas que apenas reforçam a existência de um sentido oculto para os lapsos, esquecimentos, descuidos e outros restos e resíduos da vida anímica que circulam por toda parte.

Mas as sucessivas reedições acrescentam elementos novos de um modo constante. O caso do amigo que esquece um verso do poema de Goethe "A noiva de Corinto", relatado no capítulo que aborda o esquecimento de nomes e sequências de palavras, é um complemento ao caso do esquecimento da palavra *aliquis* em um verso de Virgílio, exposto poucas páginas antes; o capítulo reservado às "lembranças encobridoras" não trazia um único exemplo na versão de 1901, formado apenas por considerações sobre a cronologia que já estavam presentes no artigo "Sobre lembranças encobridoras" (publicado em 1899 pelo mesmo periódico). Um episódio importante surge nas páginas seguintes. Freud interpreta a lembrança de uma cena infantil: ele tem cerca de três anos de idade, está ao lado do irmão adulto e grita diante de uma caixa engradada vazia quando sua mãe entra no quarto, muito bela e esguia, como se voltasse da rua. A análise revela a conexão entre essa lembrança encobridora e uma babá que havia sido presa e, portanto, estava "atrás das grades" após uma denúncia supostamente feita por aquele irmão. E, no entanto, essa passagem reveladora, que nos remete quase imediatamente aos fragmentos da autoanálise em *A interpretação dos sonhos*, só foi publicada em 1907 e representa uma retomada tardia daquele trabalho, e não o seu prosseguimento imediato. Uma nota de rodapé ao final do capítulo associa explicitamente a caixa a um símbolo para o ventre materno — porém, a nota seria inserida apenas na edição de 1924. As novas edições estabelecem articulações internas que não estavam presentes na primeira versão, embora ampliem e aprofundem aspectos importantes da compreensão psicanalítica dos lapsos, esquecimentos, descuidos e outras pequenas ocorrências similares.

A situação é a mesma no caso do novo capítulo sobre os "atos falhos combinados", que reúne exemplos situados na fronteira entre os deslizes da vida cotidiana e os sintomas psiconeuróticos, pois neles a tentativa de evitar o desprazer assume várias formas sucessivas (um esquecimento é seguido por um gesto desastrado, e depois por uma troca etc.), e pode até mesmo ser explicada por um sonho:[18] aqui também encontramos extensões que ultrapassam o quadro inicial da investigação de 1901 e atestam o desenvolvimento continuado de uma reflexão que somente chegaria ao fim na décima edição, de 1924. Até mesmo a ideia de um livro que oferece uma mera coleção de exemplos e não investiga a natureza do inconsciente (exposta em 1901 e reafirmada em 1924) também não é sustentada integralmente: em 1901 a célebre aproximação entre metafísica e metapsicologia (vinculada a uma reflexão original sobre a paranoia) está isolada no capítulo final sobre determinismo e superstição, mas é complementada em 1907 por uma longa nota

---

18 Freud, S. (1924/1999). *Zur Psychopathologie des Alltagslebens (Über Vergessen, Versprechen, Vergreifen, Aberglaube und Irrtum)* (Gesammelte Werke, Vol. 4). Frankfurt am Main: Fischer, p. 265.

de rodapé que afirma o caráter intemporal[19] do inconsciente, e que talvez pudesse abrir outros novos caminhos.

A participação de outros psicanalistas, sobretudo a partir de 1912, também irá transformar o livro. O alcance das teses sobre os lapsos de fala e escrita torna-se maior com exemplos de outros idiomas, como nos casos do húngaro Sándor Ferenczi, do norte-americano Abraham A. Brill, do holandês Johan Stärcke e do suíço Alphonse Maeder. É certo que um idioma estrangeiro já comparecia no primeiro capítulo, desde o esquecimento do nome Signorelli, porém os novos psicanalistas relatam lapsos de linguagem ocorridos em diferentes línguas maternas, reforçando assim o caráter universal que essas teses psicanalíticas reivindicam. Ao transformar *A psicopatologia da vida cotidiana* em uma obra quase coletiva, Freud na verdade reforça o apreço que tinha por um livro que possuía enorme valor para a difusão da psicanálise. "Espere que se passem cinco ou dez anos", ele escreve a Jung em maio de 1907, "e a análise de *aliquis*, que hoje ainda não é convincente, assim será considerada, embora nela própria nada venha a mudar. Não há solução senão continuar trabalhando".[20] Com o passar dos anos, o livro também se transforma em um meio poderoso de divulgação da nova disciplina.

---

19 Freud, S. (1907/1999). *Zur Psychopathologie des Alltagslebens (Über Vergessen, Versprechen, Vergreifen, Aberglaube und Irrtum)* (Gesammelte Werke, Vol. 4). Frankfurt am Main: Fischer, p. 305.

20 McGuire, W. (org.). (1974/2023). *Cartas de Freud e Jung* (L. Froes, trad.). Petrópolis: Vozes, p. 109.

A exemplo das reedições de *A interpretação dos sonhos*, o debate e a colaboração entre psicanalistas pouco a pouco se infiltra em um texto que representava um trabalho de fundação e descoberta, apoiado sobretudo na auto-observação e no discurso em primeira pessoa. As transformações do texto, embora dignas de interesse, não obedecem a um processo coordenado e unitário, e com o tempo cedem um espaço cada vez maior a observações e interpretações que já pressupõem o conhecimento do método e da teoria psicanalítica. Instaura-se assim um conflito entre essa voz do autor que apresenta seus próprios exemplos e elabora algumas proposições teóricas, e uma outra voz de um paciente ou analista que já possui conhecimentos sobre a teoria e os fenômenos estudados — e, neste caso, o autor Freud pode perfeitamente ocupar as duas posições.

Esses elementos já são suficientes para percebermos que a composição do grande livro de 1924, além de envolver situações históricas e perspectivas variadas, também incorpora diferentes tempos de enunciação: nem sempre o presente ao qual Freud se refere corresponde ao ano de 1901; na verdade, é bem mais comum que ele se pronuncie a partir de "outros presentes", muitas vezes sem deixar ao leitor alguma pista desses deslocamentos. Enquanto o texto de 1901 tem a psicanálise no seu horizonte (pois a descoberta ainda está em curso), os textos de edições posteriores abordam lapsos, esquecimentos, descuidos e também a própria psicanálise, como se Freud observasse de fora o seu próprio livro a cada vez que elaborasse uma nova edição. Se, por um lado, a edição de 1901 não é completa, a edição de 1924 não corresponde a uma descoberta. Poderíamos aplicar à *Psicopatologia da vida cotidiana* a avaliação feita pela editora e psicanalista Ilse Grubrich-Simitis a respeito das várias edições de *A interpretação dos sonhos*: "nem toda produção posterior, por ser posterior, é melhor do que a produção anterior".[21] As edições posteriores a 1901 passam lentamente a dissolver a coesão e as correspondências que eram estabelecidas pelo texto original da *Revista Mensal de Neurologia e Psiquiatria* à medida que ampliam os horizontes da teoria e até mesmo dos fenômenos que são investigados, transformando cada vez mais o trabalho inicial em um ponto de partida para elaborações e contribuições futuras.

Por lidar com uma quantidade menor de exemplos e categorias, a trama de referências e a correspondência entre as partes do texto de 1901 é mais evidente: seu horizonte é restrito e, no entanto, é mais claro. Ali todos os movimentos de antecipação ou retomada de questões são mais curtos (pois a sua extensão é menor) e as observações feitas por Freud a respeito do seu próprio trabalho ainda não envolvem as "centenas de exemplos" mencionadas por Sándor Ferenczi em seu prefácio tardio à edição húngara de 1923. Por exemplo, ao anunciar no segundo capítulo que o mesmo processo descoberto no caso do esquecimento de uma palavra irá reaparecer "em várias oportunidades no curso desta exposição",[22] o autor tem em vista um número relativamente limitado de exemplos; e na abertura do capítulo final, ao anunciar o "resultado geral para a série

21 Grubrich-Simitis, I. (1999). Metamorphosen der Traumdeutung [Metamorfoses da interpretação dos sonhos]. In J. Starobinski, I. Grubrich-Simitis & M. Solms, *Hundert Jahre "Traumdeutung" von Sigmund Freud: Drei Essays*. Frankfurt am Main: Fischer, p. 69.

22 Cf. neste volume: Freud, S. (1901). A psicopatologia da vida cotidiana..., p. 49.

de investigações precedentes",[23] ele mira o pequeno conjunto de casos e exemplos que haviam sido reunidos até 1901. Não é por acaso que ele hesita muitas vezes em empregar a palavra "psicanálise", que talvez ainda lhe soasse um tanto estranha, e dá preferência a expressões como "análise psicológica" ou "análise psíquica". Quando escrevia essas palavras, Freud tinha em mente o texto que o leitor brasileiro tem em mãos agora, e não a edição definitiva que só seria encerrada mais de vinte anos depois. Para os leitores desta edição original é certamente mais simples a tarefa de compreender a unidade das categorias que a psicanálise descobre na vida cotidiana e estabelecer correspondências entre elas. Essa leitura representa a oportunidade para reencontrar Freud no instante vivo de uma de suas descobertas.

## *Sobre a tradução*

Mais do que qualquer outro trabalho escrito por Freud, "A psicopatologia..."[24] nos convida a observar as pequenas coisas

---

23 Cf. neste volume: Freud, S. (1901). A psicopatologia da vida cotidiana..., p. 154.

24 As traduções brasileiras e estrangeiras geralmente empregam *Psicopatologia*, sem o artigo definido. Uma tradução literal do título deveria servir-se de alguma expressão como *A propósito da...* ou *Sobre a psicopatologia...*, por conta da proposição que a antecede (*Zur Psychopathologie des Alltagslebens*) — assim como observamos em títulos de trabalhos muito conhecidos, como *Genealogia da moral* de Nietzsche (*Zur Genealogie der Moral*) ou *Introdução ao narcisismo* de Freud (*Zur Einführung des Narzissmus*). Neste caso, o emprego do artigo definido não oferece de fato uma solução literal, mas talvez contribua para enfatizar que "a psicopatologia da vida cotidiana" é uma categoria fabricada por Freud, que reconhece na vida ordinária certas características de uma outra psicopatologia: aquela da "vida doente", que ele antes investigava nos casos de histeria, neuroses de angústia, fobias, obsessões etc.

antes de nos aproximarmos das questões maiores. A matéria-prima dessa investigação é formada pelos resíduos, vestígios e elementos quase insignificantes que nos levam a descobrir, "a partir da experiência da decifração de pistas" (na expressão do historiador Carlo Ginzburg[25]), alguma outra realidade que ainda não conhecíamos. Uma linha comum atravessa os contrassensos ou desacertos da linguagem e uma boa parte do vocabulário que Freud mobiliza para estudá-los. O vocabulário propriamente psicanalítico das investigações sobre as neuroses e a histeria ocupa aqui um lugar bastante secundário, e as analogias com o sonho, embora muito presentes, mobilizam apenas os conceitos de "deslocamento", "condensação" e "deformação", além de uma vaga referência ao "trabalho do sonho". O papel central fica reservado para as classificações e subdivisões dos pequenos distúrbios do cotidiano, geralmente associados à função da memória e organizados a partir das noções de *falha, desvio* ou *equívoco*: *Fehlleistung* [ato falho], *Fehlhandlung* [ação falha], *Fehlerinnern* [erro de recordação], *Fehlsprache* [erro na fala]; *Versprechen* [lapso de fala], *Verlesen* [lapso de leitura], *Vergreifen* [descuido]; ou ainda *Irrtum* [equívoco] e *Irregehen* [descaminho]. No primeiro grupo encontramos a anteposição de um elemento que indica a falha, a falta ou o erro (*Fehl*); no segundo, um prefixo que expressa o equívoco ou insucesso de uma ação (*Ver-*); e, no terceiro, um termo que assinala o desvio e a perda de rumo *(Irr-)*. Nenhuma dessas palavras é invenção freudiana: na verdade, boa parte desse

---

25 Ginzburg, C. (1979/2002). Sinais: raízes de um paradigma indiciário. In *Mitos, emblemas, sinais* (F. Carotti, trad.). São Paulo: Companhia das Letras, p. 152.

vocabulário já pertencia à psicologia clássica (as referências a Wilhelm Wundt, Carl Mayer e Rudolf Meringer servem, nesse caso, como prova). Mas o valor e o significado que elas adquirem na escrita de Freud inevitavelmente as transforma: para acolher os equívocos da linguagem, ele cria uma linguagem do equívoco. Além de empregar todas essas palavras de modo consistente, Freud por vezes joga com as contradições que elas explicitam: enquanto a palavra *Leistung* pode significar "desempenho", "capacidade" ou mesmo "ação", a *Fehlleistung* é uma espécie de antidesempenho, uma ação ou realização que não se realiza. Mas, para Freud, esses atos são "falhos" apenas para a consciência e adquirem valor quando abandonamos a premissa segundo a qual o psíquico seria apenas o consciente. O uso regular e preciso dessas expressões deve-se justamente à transformação de valores que é efetuada pelo texto. Nem todo "ato falho" [*Fehlleistung*] é uma "ação falha" [*Fehlhandlung*]: os atos falhos representam, no texto de Freud, a categoria mais abrangente, que envolve os atos de linguagem e os atos do corpo, enquanto as "ações falhas" são aquelas que possuem um sentido oculto que não é verbalizado (por exemplo, perder um objeto, tropeçar, fazer um gesto estabanado). No entanto, as fronteiras não são rígidas, e muitas vezes nos deparamos com variações de significado. O equívoco [*Irrtum*] nem sempre é um erro [*Fehler*] porque a ignorância e o "erro de fato" não possuem o mesmo valor psíquico dos erros de recordação. Ou seja, aquilo que objetivamente representa um erro muitas vezes é apenas um *equívoco* ou um *desvio* em termos psíquicos: nesses casos, o erro, não menos do que o acerto, carrega sempre algum significado.

Como se não bastasse, existem ainda outros problemas: além de expressar o fracasso de uma ação, o prefixo alemão *ver-* pode igualmente expressar a mudança de estado, a perduração no tempo ou simplesmente servir como um reforço — ou ainda abrigar um significado completamente diferente: *Versprechen* pode tanto significar *lapso de fala* como *promessa*; e *Verhören*, tanto um *lapso auditivo* como *conduzir um interrogatório*... Como as correspondências que encontramos no original não são geométricas, não faria sentido reproduzi-las de uma forma automática na tradução: o contexto muitas vezes exige diferentes soluções. Mais importante do que uma obediência inflexível aos termos do original é o reconhecimento do valor central desse vocabulário invertido ou dicionário às avessas ao qual Freud recorre para abordar os atos falhos.

Tudo isso se passa no campo da linguagem teórica. Na outra ponta nós temos a linguagem desconcertante dos atos falhos: um acervo de trocadilhos involuntários, disparates e jogos sonoros que estão a meio caminho entre a lembrança e o esquecimento, ou que servem a duas intenções opostas e conflitantes, mas fazem sentido por alguma via obscura. Uma tradução que queira acompanhar de perto a letra do texto encontra aqui uma dificuldade séria. Mas as ambiguidades e os desvios de sentido que aparecem nesses exemplos não dizem respeito apenas a casos particulares, porque no desencontro e no contrassenso que eles expressam também está presente a própria dinâmica do inconsciente.

Como seria possível recriar erros que fazem sentido? Parece-me que não resta outra saída a não ser afastar-se da letra do texto. Foi por esse caminho que a nossa tradução chegou a lapsos como "vaso de alabusto", "dar um trato na velha", "rolando pela Europa" ou "eles sabem usar a cobiça (a cabeça)". Os exemplos traduzidos não correspondem fielmente aos lapsos ou equívocos do texto original (embora todos eles tenham sido registrados no rodapé), mas tentam manter vivas a sua contradição flagrante e o seu efeito imediato. Como nesses casos o campo de investigação de Freud é restrito e não ultrapassa o domínio do pré-consciente (embora ele não utilize aqui esse termo), a tarefa de conciliar o relato de um lapso com os desdobramentos de sua interpretação torna-se menos difícil. Uma mudança sutil ou uma ligeira alteração do contexto geralmente nos permite retraçar o percurso de cada uma das interpretações. Esse é um passo arriscado, mas o desencontro da linguagem com a sua própria expressão certamente implica algum risco para o trabalho de tradução. Os antigos desafios permanecem os mesmos; e, a exemplo da tradução húngara de 1923, os tradutores de hoje ainda tentam "se ater, palavra por palavra, ao original", mesmo sabendo que muitas vezes é necessário "subordinar os aspectos formais ao conteúdo", como afirmava Ferenczi em seu prefácio à tradução húngara de Mária Takács.[26]

Uma das contradições da leitura que retrata Freud simultaneamente como escritor talentoso e criador de um sistema de pensamento cujos conceitos devem ser protegidos a todo custo (como se fosse necessário defender as ideias de um autor contra a sua própria capacidade de expressão) é a imagem de um pensador que lida com os seus conceitos de modo impessoal

26 Cf. neste volume: Freud, S. (1923). Prefácio à edição húngara, p. 187.

e não suja suas mãos quando mexe com as palavras (como se esse trabalho fosse estranho à própria psicanálise). Por levar extremamente a sério o conceito de sobredeterminação, Freud o estende até as formas mais baixas e comuns da oralidade, interpretando por vezes até a oralidade que só foi pensada, mas não falada. Adaptar ou ajustar os sentidos dos atos falhos é sobretudo uma maneira de dar vida ao *processo primário* e às noções freudianas de *conflito* e *compromisso* no português brasileiro, a língua habitada pelo inconsciente dos leitores desta tradução.

Meus agradecimentos a Paulo Sérgio de Souza Jr. e Silvio Rosa Filho, que acompanharam o trabalho de tradução em diferentes períodos, e aos alunos e alunas do curso de graduação em Filosofia da Unifesp que leram e acompanharam uma primeira versão do texto em disciplinas que ofereci no período da pandemia.

**GRÁFICA PAYM**
Tel. [11] 4392-3344
paym@graficapaym.com.br